GERHARD MERK

Grundbegriffe der Erkenntnislehre
für Ökonomen

Waldemar Molnicki
in Dankbarkeit und
Freundschaft gewidmet

vom

Verfasser

Eph. I, 15+16

Grundbegriffe der Erkenntnislehre für Ökonomen

Von

Professor Dr. Gerhard Merk

Gesamthochschule Siegen

DUNCKER & HUMBLOT / BERLIN

CIP-Kurztitelaufnahme der Deutschen Bibliothek

Merk, Gerhard:
Grundbegriffe der Erkenntnislehre für Ökonomen /
von Gerhard Merk. — Berlin: Duncker und Humblot,
1985.
   ISBN 3-428-05891-7

ISBN 3-428-05891-7

Vorwort

Lernschwierigkeiten in den Sozialwissenschaften allgemein und in der Ökonomik im besonderen haben bei den heutigen Jahrgängen der Studierenden vor allem wohl *drei Haupturschen.*

Erstens fehlt es an *Kenntnissen der allgemeinen Denkformen.* Im Grundstudium wird zwar mathematische Logik vermittelt. Es bleiben jedoch die Werkzeuge der sprachlichen Logik weithin unbekannt. Diese finden sich deshalb im *ersten Teil* vorgestellt.

Zweitens mangelt es den Studierenden an genauerer Einsicht in die *Sinnfrage von Wirtschaft* und Gesellschaft sowie in das vielschichtige *Problem der Werturteile.* Zu diesem werden fast nur übernommene Bekenntnisse oder gar bloß Schlagwörter geäußert. Der *zweite Teil* versucht, hier begründend und einsichtsweckend zu wirken.

Drittens setzt man die *Lehre von der Wirtschaft* immer wieder mit der *Wirtschaft selbst* gleich. Der *dritte Teil* möchte daher den großen Unterschied zwischen dem Erfahrungsgegenstand und dem Erkenntnisgegenstand der Sozialwissenschaften vor Augen führen. Dabei ist auch die Abgrenzung der Wirtschaft von der Technik erläutert.

Jeder der drei Teile kann ganz *unabhängig voneinander* erarbeitet werden. Für eine bloß kürzere Beschäftigung mit den drei Fragekreisen genügt das Großgedruckte. Das *Kleingedruckte* enthält Erläuterungen, Ergänzungen und Vertiefungen. Über das Register lassen sich dort näher bestimmte und an späterer Stelle benutzte Begriffe leicht auffinden.

Die textliche Aufnahmefähigkeit der durch Ton- und Bildmedien geprägten Jahrgänge ist nachweislich dürftig. Daher sind die Darlegungen zu allen drei Teilen in kurze Sätze mit in der Regel lediglich einem Nebensatz gefaßt. Der Hauptgedanke ist zudem durch *Kursivschrift* hervorgehoben, ebenso wichtige Begriffe. Übersichten fassen das Wesentliche zusammen.

Es bleibt zu hoffen, daß dadurch das Lehrbuch auch für das Selbststudium angemessen verwendbar wird. Um dies obendrein noch zu erleichtern, ist soweit als irgend möglich der deutsche Wortschatz benutzt. Fremdwörter wurden weggelassen. Zumeist mißversteht sie der heutige Studienanfänger ohne altsprachliche Kenntnisse. Auch die in letzter Zeit so beliebten vieldeutigen — und damit unbestimmten — Modeausdrücke (wie „Konzept", „Struktur") sind vermieden.

Weil es sich um eine Einführung handelt, sind alle gelehrten Streitfragen und Anmerkungen weggelassen. Wer tiefer in die vorgestellten Fragekreise eindringen möchte, der sei auf die Fachliteratur am Ende des Buches verwiesen.

Das vorliegende Lehrbuch geht aus jahrelanger Unterrichtserfahrung hervor. Gleichwohl werden Hinweise auf Verbesserungen und Ergänzungen von mir jederzeit dankbar entgegengenommen.

Universität – Gesamthochschule – Siegen
Fachbereich Wirtschaftswissenschaft,
den 1. Mai 1985

Gerhard Merk

Inhaltsverzeichnis

Inhaltsverzeichnis   9

ERSTER TEIL

Allgemeine Denkformen

(1) Der Bäcker bereitet mit dem Rührer einen Teig. Der Arzt durchleuchtet mit dem Röntgengerät die Lunge des Patienten. Der Ingenieur prüft mit der Schlichtfeile den Härtegrad des Stahls. In jedem dieser Beispiele ist der Gegenstand der Betrachtung (Teig, Lunge, Stahl) etwas Greifbares, Tastbares, Berührbares. Man vermag das Objekt mit dem Auge zu erfassen und mit der Hand zu berühren. Aber auch das Werkzeug, mit dem der Gegenstand angegangen wird (Rührer, Röntgengerät, Schlichtfeile), hat dinghafte Gestalt: es ist zu sehen und mit der Hand greifbar.

(2) Wer sich dieses Buch zu lesen vornimmt, weiß bereits, daß die Ökonomik keinen in diesem Sinne greifbaren Gegenstand hat. Sie befaßt sich lediglich mit dem geistigen Gegenstück von Erscheinungen der Umwelt. Gesellschaftliche Beziehungen sind nun einmal nicht mit dem Auge zu sehen, und schon gar nicht mit der Hand zu greifen. Gleich den übrigen Sozialwissenschaften hat es jedoch auch die Ökonomik mit gesellschaftlichen Beziehungen zu tun. Ist der Gegenstand nicht greifbar, dann haben auch die Werkzeuge nicht-dinghafte Gestalt. Denn einen nicht tastbaren Gegenstand vermag man weder mit der baren Hand noch mit der „verlängerten" Hand, nämlich mit Instrumenten in der Hand, anzufassen. Gegenstand und Werkzeuge (Methoden) sind also Abbilder von Vorgängen; beides sind Vorstellungen, die sich der menschliche Geist schafft: *Begriffe*. Deshalb ist es angebracht, Aussagen über allgemeine Denkformen allen anderen Überlegungen voranzustellen.

(3) Die einleitende Beschäftigung mit den Denkelementen mag vielleicht zunächst als Umweg erscheinen. Dem ist aber nicht so. Denn einmal bedarf es zur genauen *Bestimmung* der leider oft gar nicht augenscheinlichen *Fragestellung* in einem sozialwissenschaftlichen Problem unbedingt der Logik. Sodann erklärt die Logik als die Wissenschaft von den allgemeinen Formen des Denkens, auf welche Weise *Urteile und Schlüsse* zustandekommen. Mit solchen hat es die Wirtschaftslehre vornehmlich zu tun, und zwar unmittelbarer als jede andere der Sozialwissenschaften. Endlich gründen eine ganze Reihe ökonomischer Fachausdrücke in *logischen Begriffen*. Der Einstieg in die Darlegungen der Wirtschaftslehre geschieht daher am wirtschaftlichsten über die Logik.

(4) Freilich wäre es falsch, in der Logik einen Weg zum Auffinden der Wahrheit zu sehen. Diesem Anspruch kann die Logik deshalb nicht genügen, weil

sie bloß die *Form*, nicht aber auch den *Inhalt* des Denkens betrachtet. Eher schon könnte man sie eine Reinigungskunst (Kathartik) nennen, insoweit sie das Denken von formellen Fehlern säubern möchte. Richtig wird sie als *Werkzeug* („Organon“: so nannte ein späterer Herausgeber die mustergültigen logischen Schriften des *Aristoteles von Stagira*, 384-322 v. Chr.) bezeichnet, immaßen sie die Instrumente zu jedem wissenschaftlichen Arbeiten liefert. „Mein teurer Freund, ich rat' Euch drum / Zuerst Collegium Logicum“, empfiehlt daher selbst der Goethische Mephisto einem jeden, der sich mit der Wissenschaft beschäftigen möchte.

A. Begriffe

(1) Der Begriff ist eine Denkeinheit, in der Eigenschaften und Zusammenhänge von Gegenständen erfaßt sind. Die Eigenschaften oder Zusammenhänge werden *Merkmale* des Begriffes genannt. Ausdruck des Begriffes ist in der Regel ein Wort, seine *Benennung*. Diese kann indessen auch durch andere Ausdrucksmittel erfolgen, etwa durch Buchstaben (wie: Y für das Volkseinkommen, C für den Verbrauch) oder durch graphische Zeichen (wie: % für Prozent, § für Paragraph). – Der *Begriff* ist also das *Geistige* (Innere), die *Benennung* (der Ausdruck) hingegen das *Sinnliche* (Äußere). – Nicht immer muß bloß *ein* Wort einen Begriff einschließen. So ist die *Wortgruppe* „Geschichte der volkswirtschaftlichen Lehrmeinungen“ *ein einziger* Begriff.

(2) Der *logische Begriff* unterscheidet sich von der *allgemeinen Vorstellung* eines Gegenstandes eben dadurch, daß in ihm das *Wesentliche* des Objektes *geordnet* zusammengefaßt ist: daß er *Denkeinheit* ist.

(a) Will man den Begriff „Uhr“ bilden, so vergegenwärtigt man sich zunächst alle bekannten Arten von Uhren. Alle diese Uhren werden sodann gedanklich miteinander verglichen. Beim Vergleichen der gewonnenen Vorstellungen findet man eine Reihe von zufälligen, *unwesentlichen* Merkmalen (Uhren aus Gold oder Silber, mechanisch oder elektrisch angetrieben), aber auch von solchen Merkmalen, die regelmäßig wiederkehren, also *allen* Uhren *gemeinsam* und daher *wesentlich* sind (alle zur Gattung „Uhr“ gehörigen Gegenstände sind künstlich verfertigt und dienen der Zeitmessung). Ein dauerndes und absichtliches Ausrichten des Denkens auf die Merkmale der vorgestellten Gegenstände nennt man *Reflektieren*.

(b) Von jenen zufälligen oder unwesentlichen Merkmalen sei nun abgesehen. Sie werden fortgelassen, so daß nur die gemeinsamen oder wesentlichen Merkmale übrigbleiben. Diese Tätigkeit des Denkens wird *Abstrahieren* genannt. Abstrahieren (als gedanklicher Prozeß) ist also ein Loslösen der wesentlichen Merkmale von den Einzeldingen, oder (negativ ausgedrückt) ein Ausscheiden der unwesentlichen Merkmale. – Die Befähigung, mehr oder weniger, rascher oder langsamer abstrahieren zu können, ist bei einzelnen Menschen unterschiedlich verbreitet. Sie läßt sich durch *Abstraktionstests* messen.

(c) Was an allen Uhren wahrgenommen worden ist, hält das Bewußtsein als neuen Inhalt fest. Eine solche Vereinigung der wesentlichen Merkmale heißt *Kombinieren*. So haben wir auf die Frage: „Was ist eine Uhr?" die Antwort bzw. den Begriff dazu gefunden: Sie ist ein Kunstwerk, dazu bestimmt, die Zeit anzuzeigen. – Auch die Fähigkeit zum Kombinieren (nämlich durch Reflektieren und Abstrahieren gewonnene begriffliche Merkmale folgernd zusammenzusetzen) ist bei einzelnen Menschen ungleich vorhanden. In *Kombinationstest* läßt sie sich messen. Gerade in der Ökonomik ist eine überdurchschnittlich gute Kombinationsfähigkeit wichtige Voraussetzung für einen gedeihlichen Studienerfolg.

(3) Angenommen, jemand habe noch nie eine Uhr gesehen. Er habe sich aber den gerade definierten Begriff „Uhr" angeeignet. Wenn er nicht weiß, wie sich der Begriff verwirklicht in der Wanduhr, Armbanduhr, Digitaluhr etc., so hat er ein Buchwissen, *keine lebendige Erkenntnis*. Das meint der Satz: „Begriffe ohne Anschauungen sind leer." Andererseits sind Anschauungen *ohne* Begriffe *blind*. Denn hier *fehlt die Übersicht* der Zusammenhänge und Ereignisse; man weiß nicht, wie sie zusammengehören.

(4) Zur richtigen Erkenntnis in den Sozialwissenschaften gehört *beides*: Anschauungen *und* Begriffe. Nur begriffliches Wissen führt hier in eine unfruchtbare Modelltheorie (vor der bereits *Goethes* Dramaheld *Faust* angeekelt in die Magie flüchtet). Bloße Gemeinvorstellungen können den Zusammenhang der Dinge und Ereignisse nicht erfassen (was man am Reden ökonomischer Laien über die Wirtschaft jedesmal erkennt).

I. Inhalt und Umfang von Begriffen

(1) Der *Inhalt* eines Begriffes ist die Gesamtheit seiner Merkmale. Der Begriffsinhalt wird durch *Definition* festgestellt oder festgelegt. Definieren heißt demnach, einen Begriff inhaltlich durch bereits bekannte Begriffe zu beschreiben.

Allgemein gilt für den Begriff (N) die Gleichung: $N = f (A, b, c, d, \ldots)$. Darin sind A, b, c, d, ... die Merkmale. A ist das *Haupt*merkmal; b, c, d, ... sind die weiteren bestimmenden Merkmale. Man nennt b das *nähere*, c, d, ... die *entfernteren* Merkmale. Das Funktionszeichen f deutet nach dem Vorbild der Mathematik die Operationen an, die man im Denken mit den Merkmalen A, b, c, d, ... vorzunehmen hat, um zu dem Begriff N zu gelangen.

(2) Die Summe aller Einzelgegenstände, die unter einen Begriff fallen, macht den *Umfang* (die Sphäre) des Begriffes aus. Je *größer* die Anzahl der Merkmale ist, welche in einem Begriff erfaßt sind, um so *enger* ist der Begriff: desto weniger Einzelgegenstände fallen darunter. Je *geringer* andererseits die Anzahl der Merkmale, um so *weiter* ist der Begriff: desto mehr Einzelgegenstände schließt er ein. Inhalt (Anzahl der Merkmale) und Umfang (Summe der umfaßten Gegenstände) stehen also in umgekehrtem Verhältnis zueinander.

(a) Kommen zu dem Begriff A (Kredit) laufend mehr Merkmale in der Folge Ab (Geldkredit), Abc (Realkredit), Abcd (Immobiliarkredit), dann *verkleinert* sich sein *Umfang*. Hingegen hat sich der *Inhalt* (die Summe der angegebenen Merkmale) *vergrößert*. — Löst man andererseits von dem Begriff Abcd (Immobiliarkredit) laufend Merkmale, bis hin zum Hauptmerkmal A, so *vergrößert* sich sein *Umfang*. Denn A (Kredit) schließt alle möglichen Arten ein. Der *Inhalt* dieses Begriffes ist demgegenüber *klein*: er weist nur ein einziges Merkmal (Überlassung von Dingen gegen Gläubigerrechte) auf.

(b) In der Fachsprache der Logik nennt man die fortlaufende Zufügung von Merkmalen an einen Begriff (also die Folge A, Ab, Abc, Abcd) *Determination*. Wird doch durch Ansetzen von weiteren Merkmalen jeder Begriff in engere Grenzen eingeschlossen, in seinem Umfang also näher bestimmt oder determiniert. — Umgekehrt heißt das fortlaufende Wegnehmen von Merkmalen (also die Folge Abcd, Abc, Ab, A) *Abstraktion* (zu unterscheiden von dem bereits vorgestellten Abstrahieren, nämlich dem Wegdenken außerwesentlicher Merkmale beim Begriffsfinden). Ein Begriff, welcher aus fortgesetzter Abstraktion hervorgeht, heißt *Kategorie*. Die europäische Geistesgeschichte ist reich an Versuchen, solche Kategorien aufzustellen. Entsprechende Kategorientafeln haben auch die Ökonomik (oft auf Umwegen) beeinflußt.

II. Begriffsarten

Die Begriffe können vom Standpunkt der Logik betrachtet werden einmal *an sich*, zum anderen in ihrer *Beziehung aufeinander*. Durch Anlegen verschiedener Einteilungsgründe gelangt man auf diese Weise zu Begriffsarten, von denen nachstehend die wichtigsten vorgestellt sind.

1. Einzelbegriffe, Allgemeinbegriffe

(1) *Einzelbegriff* (Individualbegriff) nennt man einen Begriff, dessen reales Gegenstück nur ein einziges Mal vorhanden ist; etwa: *George Washington*, der Stephansdom in Wien. — Entspricht hingegen ein Begriff nicht bloß einem, sondern mehreren Gegenständen, so zeigen diese Objekte auch untereinander gewisse Übereinstimmung und Zusammengehörigkeit; etwa: Haushalt, Betrieb. Ein solcher Begriff heißt *Allgemeinbegriff* (Klassenbegriff). Die *Namen*, welche Klassenbegriffe als Ausdruck besitzen (Haushalt, Betrieb), nennt man auch *allgemeine Termini* (Einzahl: Terminus).

(2) Auf den Allgemeinbegriffen beruht die Möglichkeit der logischen Orientierung. Gestattet es doch der Klassenbegriff, mit einer unübersehbaren, in Raum und Zeit weit auseinander liegenden Menge von Dingen so umzugehen, als ob sie ein einziges Ding wären. Wenn man etwa das Wort „Mensch" aus-

spricht und den zugehörigen Allgemeinbegriff denkt, dann gilt dasjenige, was man von diesem Objekt aussagt, von allen in der Klasse „Mensch" zusammengefaßten logischen Objekten. Es gilt von *sämtlichen* Menschen, die jetzt leben, die jemals gelebt haben und die je ins Leben treten werden.

2. Gegebene Begriffe, Gemachte Begriffe

(1) Quelle der Begriffe sind sowohl die Erfahrung als auch der Verstand. *Erfahrungsbegriffe* heißen deshalb Begriffe, die uns umgebende unmittelbare Wahrnehmungen und Empfindungen bezeichnen, etwa: Baum, traurig, Motorrad. – *Verstandesbegriffe* erhalten ihren Inhalt durch die Fähigkeit des Menschen, sich gedanklich vom sinnlichen Eindruck frei zu machen; etwa: Wahrheit, tugendhaft, Ruhm.

Verstand ist das begriffliche Erkenntnisvermögen des Menschen. *Vernunft* ist die Fähigkeit zu schlußfolgerndem Denken. Als *theoretische* Vernunft ist sie auf das *Erfassen* der Zusammenhänge angelegt. Die *praktische* Vernunft leitet den Willen zum *Handeln*.

(2) Erfahrungsbegriffe und Verstandesbegriffe zusammen werden auch *gegebene* Begriffe genannt. Im Gegensatz dazu stehen *gemachte* Begriffe (Vernunftbegriffe). Zu ihnen gehören die meisten Begriffe der Ökonomik. Es sind dies Begriffe, die aus weitläufigem Reflektieren und Abstrahieren gewonnen wurden; etwa: Oligopol, Prozeßgerade. Oft finden sich diese *Kunstausdrücke* aus zwei oder mehreren Namen zusammengesetzt, also in einer Wortgruppe ausgedrückt; etwa: Harrod-kapitalsparender technischer Fortschritt. Im Unterschied zu den gegebenen Begriffen sind die gemachten Begriffe wenig „anschaulich": sie lösen zunächst keine bestimmte Vorstellung aus. Erst durch eine genaue Angabe ihrer Merkmale (strenge Definition) läßt sich ihr Inhalt vermitteln.

(3) Erklärt finden sich die wirtschaftswissenschaftlichen Kunstausdrücke in Fachbüchern und Lexika. Zumeist ist es am wirtschaftlichsten, über das *Register* eines einschlägigen Buches an die jeweilige Definition zu gelangen. Wissenschaftliche Bücher *ohne* Sachverzeichnis sind daher unbrauchbar. Daß es solche gerade hierzulande noch häufig gibt, ist beschämend. Solcher Mangel ist in erster Linie fehlendem Wettbewerb auf dem Buchmarkt zuzuschreiben.

3. Gattungsbegriffe, Artbegriffe

Ein Begriff (etwa: Baum) kann mehreren Begriffen (etwa: Laubbaum, Nadelbaum) *übergeordnet* sein. Er ist in diesem Falle *Gattungsbegriff* (Genusbegriff, *Oberbegriff*). Der unter dem Gattungsbegriff stehende, ihm *unterge-*

ordnete Begriff heißt *Artbegriff* (Speziesbegriff, *Unterbegriff*). Es kann aber derselbe Begriff, der in einem Falle Artbegriff (Unterbegriff; etwa: Nadelbaum) ist, in einem anderen Falle Oberbegriff (Gattungsbegriff; im Beispiel zu Tanne, Lärche, Kiefer etc.) sein. Begriffe, die demselben nächsthöheren Begriff untergeordnet sind (im Beispiel Tanne und Lärche), heißen *nebengeordnete* Begriffe.

4. Dunkle Begriffe, Klare Begriffe, Deutliche Begriffe

Ein Begriff, der sich im Bewußtsein nicht von den übrigen gesondert hat, heißt *dunkler* Begriff. Unterscheidet er sich bestimmt von anderen Begriffen, dann handelt es sich um einen *klaren* Begriff. – Sind in einem Begriff fremdartige, ihm nicht zugehörige Merkmale aufgenommen, so ist es ein *verworrener* Begriff. Können die ihm zugehörigen Merkmale ganz genau vorgestellt werden, dann handelt es sich um einen *deutlichen* Begriff.

5. Einfache Begriffe, Zusammengesetzte Begriffe

(1) *Einfache* (elementare) Begriffe sind solche, die nur ein einziges Merkmal enthalten; etwa: blau, süß. Unsere unmittelbare Wahrnehmung kann kein anderes Merkmal als das im Wort ausgedrückte erkennen. Demgegenüber enthalten *zusammengesetzte* (komplexe) Begriffe mehrere Merkmale.

(2) Die *Hinzusetzung* eines Merkmals macht jeden Begriff inhaltlich *größer*, die *Wegnahme* jedoch *kleiner*. Durch fortgesetzte Wegnahme von Merkmalen erhält man den inhaltlich kleinsten Begriff. Der größte Begriff ist nicht denkbar. Denn die Hinzufügung von Merkmalen kann bis ins Unendliche fortgesetzt gedacht werden.

(3) Die *sozialwissenschaftlichen Kunstausdrücke* sind durchweg *zusammengesetzte Begriffe*; etwa: Wirtschaft, Nachfrage. Oft handelt es sich um aus zwei oder gar mehreren komplexen Begriffen gebildete Vernunftbegriffe; etwa: Ausgabenmultiplikator, Elastizität des volkswirtschaftlichen Arbeitsangebots. Sie sind deshalb für den Nichtkundigen dunkel, unverständlich.

6. Absolute Begriffe, Relative Begriffe

(1) In Gedanken wie denen, daß Anbot größer als Nachfrage. *Sokrates* Lehrer seines Schülers *Platon*, läßt sich zweierlei auseinanderhalten. Erstens *zwei* Vorstellungsgegenstände (Anbot, Nachfrage; *Sokrates, Platon*) und zweitens eine *Beziehung*, ein Verhältnis oder eine *Relation*. Diese Beziehung wird als zwischen den Vorstellungsgegenständen bestehend gedacht; sie selbst

werden diesfalls *Glieder* genannt. Begriffe, zu deren Inhalt der Begriff einer Relation mitgehört, heißen *relative* (wechselseitige) Begriffe oder *Beziehungsbegriffe*. Die nicht-relativen Begriffe sind *absolute* Begriffe.

(2) Die relativen Begriffe unterscheiden sich von den absoluten also dadurch, daß ihr Inhalt regelmäßig erst dann eindeutig bestimmt ist, wenn außer ihm selbst noch ein zweiter Begriff vorgestellt wird. Es ist dies das *zweite Glied* der Relation: der Inhalt desjenigen Begriffes, auf welchen sich der relative Begriff bezieht; etwa: Gewinn und eingesetztes Kapital; Verbrauch und Einkommen.

(3) *Paarige* Beziehungsbegriffe nennt man *Korrelatbegriffe*; etwa: links und rechts, Mann und Frau.

(4) Auch die Begriffe *Grund – Folge, Ursache – Wirkung* und *Motiv – Handlung* sind relative Begriffe, näherhin Korrelatbegriffe. Dabei bezeichnet die Beziehung Grund – Folge die *logische* Verknüpfung, Ursache – Wirkung den *sachlichen* Zusammenhang und Motiv – Folge die *innerliche* Wechselbeziehung.

Die Beziehung Grund – Folge nennt man *Verursachung* (Kausation); etwa: zu langes Sonnenbestrahlen des ungeschützten Körpers führt zu Sonnenbrand. Die Kausation gliedert sich in eine Reihe einzelner Fragen, wie: (a) Was *stellen* wir uns *vor*, wenn wir etwas Ursache nennen? Gefragt wird also nach dem logischen *Inhalt* des Kausalbegriffes (im Beispiel: Sonnenbestrahlung als Ursachenbegriff). (b) Woher haben wir diese Vorstellung? Diese Frage zielt auf die psychologische *Entstehung* des Kausal*begriffes* (im Beispiel etwa: Erfahrung aus selbst erlittenem Sonnenbrand). (c) Mit *welchem Recht* halten wir etwas für eine Ursache? Hier handelt es sich um das schwierigste Problem, nämlich um die Frage nach der *Begründung* eines Kausal*urteils*. Sie ist nur fachwissenschaftlich lösbar (im Beispiel durch die Medizin).

7. *Verwandte Begriffe*

(1) Begriffe, die *inhaltlich* eines oder mehrere Merkmale gemeinsam haben, heißen *verwandte* Begriffe. Sind die verwandten Merkmale wesentlich, so sind die Begriffe *kognat*; etwa: Scheck und Überweisung. Ist der eine Begriff Merkmal des anderen, dann heißen die Begriffe *konjunkt*; etwa: Erde und Himmelskörper. Durch außerwesentliche Merkmale verwandte Begriffe nennt man *affine*; etwa: Schnee und Leinwand. – Haben Begriffe überhaupt kein Merkmal gemeinsam, so sind sie *unvergleichbare* (disparate) Begriffe; etwa: Betrieb und Predigt.

(2) Es ist gar nicht selten, daß *ein logischer Begriff* sprachlich gesehen *verschiedene Benennungen* hat; etwa: Eheschließung, Heirat; Hochschule, Universität. Man bezeichnet solche bedeutungsgleiche Wörter *Synonyma* (Einzahl: *Synonymon*). Strenggenommen dürfte man nur von bedeutungs*ähnlichen*

Wörtern sprechen. Denn vom Standpunkt der Sprachwissenschaft gibt es eine völlige Gleichheit im Inhalt zweier Wörter nicht, stets sind (wenn auch nur feine) Unterschiede erkennbar.

8. Einteilungsbegriffe, Vergleichsbegriffe, Mengenbegriffe

(1) Oft spielt in den Sozialwissenschaften die größte Rolle, ob ein Begriff unzweideutig auszudrücken ist oder nicht. Im besonderen fragt man, ob sich der Begriff *zahlenmäßig* darstellen läßt. Diese Fragestellung führt zu einer Dreiteilung der Begriffe. *Einteilungsbegriffe* (klassifikatorische Begriffe) dienen der Unterscheidung von Erscheinungen in eine oder mehrere Klassen; etwa: die Güter in materielle (Sachgüter) und immaterielle (Leistungen). *Vergleichsbegriffe* (komparative Begriffe) bezeichnen Verhältnisse (Beziehungen) nach dem Merkmal größer oder kleiner; etwa: der Nutzen zweier Brötchen ist höher als der nur eines einzigen. *Mengenbegriffe* (quantitative Begriffe) drücken den Inhalt oder die Beziehung in Zahlen aus; etwa: die Investition beträgt 3 Mrd GE.

(2) Freilich gilt es nachdrücklich davor zu warnen, *Mengenbegriffe* als *sachlich wahr* zu betrachten, komparative und klassifikatorische Begriffe hingegen als minder streng anzusehen! Dies ist ein gerade bei Ökonomen sehr verbreiteter Irrtum. Quantitative Begriffe sind lediglich vom *logischen Standpunkt* überlegen. Eine Angabe wie: Verbindlichkeiten = 5 Mio oder Ersparnis = 10 % des Volkseinkommens haben fachwissenschaftlich betrachtet oft einen geringeren Aussagegehalt als Vergleichsbegriffe (die Verbindlichkeiten sind gestiegen; die Ersparnis ging leicht zurück). Denn erstens ist nicht gesagt, ob die genannte Zahl auch richtig ist. Sie kann absichtlich oder ungewollt (schlampige Erfassung der einzelnen Größen) *verfälscht* sein. Zweitens beziehen sich Zahlengrößen immer auf *vergangene Zeiträume*. Es ist damit gar nicht ausgesagt, wie sich die entsprechenden Werte schon *heute* geändert haben oder sich *morgen* verändern werden. So könnten sich (vielleicht aufgrund guter Geschäftslage) die Verbindlichkeiten ganz abgebaut haben, oder es ist denkbar, daß die Ersparnis anstieg (etwa infolge geringeren Verbrauchs von Genußmitteln im Zuge einer „Gesundheitswelle").

9. Identische Begriffe, Angeborene Begriffe

(1) *Identische* Begriffe wären solche, die in ihrem Inhalt und Umfang völlig gleich wären. Diese gibt es aber nicht. Denn wenn es sie gäbe, dann müßten sie alle Merkmale gemeinsam haben. Dann jedoch wären es nicht *zwei* Begriffe, sondern *ein und derselbe*. – Unterschiedliche *Benennungen desselben* Begriffes (wie: Konsum, Verbrauch) ändern am Wesen des Begriffes nichts, wie bereits dargelegt.

(2) *Angeborene* Begriffe sind solche, die bereits bei der Geburt fertig im Bewußtsein des Menschen liegen. Ob es solche gibt oder nicht, ist eine fachwissenschaftliche Streitfrage. Die heutige Sprachwissenschaft glaubt nachweisen zu können, daß erst im Spracherwerb und durch diesen bestimmte Vorstellungen vermittelt werden. Demgegenüber behaupten psychologische Schulen, jeder Mensch bringe bei der Geburt schon Vorstellungsinhalte mit.

III. Begriffssystem

(1) *Begriffsleiter* ist eine Folge von Begriffen, bei der jeder Begriff aus dem vorhergehenden durch Hinzufügen oder Wegnehmen eines einschränkenden Merkmals gewonnen wird; etwa: Mensch, Mann, junger Mann, großer junger Mann, blonder großer junger Mann etc. Absteigende Begriffsleitern führen zur Abstraktion, aufsteigende zur Determination.

(2) *Begriffsreihe* ist die Aneinanderreihung von Unterbegriffen, die aus einem gemeinsamen Oberbegriff bei Anlegen eines einteilenden Merkmals entstehen; etwa: die Kontenart 460 Steuern nach den einzelnen Steuerarten in 4600 Vermögensteuer, 4601 Gewerbesteuer, 4602 Grundsteuer etc. (die Ziffern verweisen auf die Zuordnung im Kontenrahmen).

(3) *Begriffssystem* (Begriffsstammbaum, logische Pyramide, Klassifikation) ist die kombinierte gliederungsmäßige Darstellung von Begriffsleitern und Begriffsreihen. Es ergibt sich aus Begriffsleitern, in denen jede Stufe zu einer Begriffsreihe erweitert ist; etwa: der Kontenrahmen gesamthaft gesehen. Oft veranschaulicht man Begriffssystem durch graphische Darstellung.

IV. Definieren von Begriffen

(1) Ziel des Definierens ist es, in einem anderen eine *Vorstellung* von *bestimmtem Inhalt* hervorzurufen. Dieser Absicht ist alles unterzuordnen. Das bedeutet auch, mit dem geringsten Aufwand (also mit möglichst einfachen Mitteln) zu versuchen, einen Begriff inhaltlich deutlich zu machen. Erst wenn solche ungekünstelten Schritte *nicht erfolgversprechend* sind, bedarf es weiterer, logisch aufwendigerer Mittel.

(2) Aus dem Gesagten ergibt sich eine Zweiteilung. Die *strenge Definition* ist die vollständige und geordnete Angabe der Merkmale eines Begriffes. Sie ist der vom Standpunkt der Logik einzig genaue Weg zur Erklärung eines Begriffes. Die *unvollständige Definition* ist demgegenüber die annähernde Deutlichmachung der Merkmale eines Begriffes. Sie genügt überall dort, wo die

strenge Definition nicht möglich oder zum Zwecke der Verständigung nicht erforderlich ist.

(3) Diese Einteilung in die vollständige (strenge) und unvollständige (annähernde) Definition findet nicht bei allen „reinen" Logikern Anerkennung. Sie bezeichnen die unvollständige Definition als lockere Ausmalung, höchstens aber als bloße Umschreibung eines Begriffes. Der Terminus „annähernde Definition" sei im übrigen ein *Widerspruch in der Beifügung* (eine CONTRADICTIO IN ADJECTO). Der beigefügte (adjektierte) Ausdruck „annähernd" nämlich stünde im Gegensatz (Kontradiktion) zu dem Begriff „Definition", die durchweg immer „streng" sein müsse. – Das aber ist offenkundig eine reine *Definitionsfrage*. Soll der Inhalt des Begriffes „Definition" *ausschließlich* „streng" oder darf er *auch* weiter vorgestellt werden? Wollte man (auch in den Wissenschaften!) überall einzig und allein bloß „strenge" Definitionen gelten lassen, so würde die Verständigung eher erschwert denn erleichtert. Das entbindet jedoch nicht von der Notwendigkeit, gerade die sozialwissenschaftlichen Termini „streng" zu definieren.

1. Unvollständige Definition

(1) Zur unvollständigen Definition (manchmal auch vorläufige Erklärung genannt) zählen mehrere einzelne Schritte.

(a) Das *Vorzeigen* des Gegenstandes selbst (etwa: Blatt einer Kastanie) oder von Abbildungen, Modellen und Diagrammen. Von Diagrammen gilt dies natürlich nur insoweit, als diese selbst nicht eine Kunstlehre mit eigenem Begriffssystem sind, wie in einer Bilanz oder einem Schaltplan. Soll die zu erweckende Vorstellung eine anschauliche sein, so ist das Vorzeigen das beste Mittel dazu. Besonders hilfreich ist dieses Verfahren in Lehrbüchern, aber auch in Fremdwörterlexika (etwa: Larousse Illustré).

(b) Die *Unterscheidung* (Distinktion). Hierbei wird auf die *nicht übereinstimmenden* Merkmale gelenkt. Es handelt sich näherhin um die Hervorhebung des Begriffes aus der Masse derer, mit welchen er leicht verwechselt werden könnte; etwa: *Rücklagen* sind Kapitalansammlungen, die aus erzielten Gewinnen gebildet werden und damit *Eigenkapital*; hingegen sind *Rückstellungen* Verpflichtungen, deren Höhe und Zeitpunkt der Fälligkeit noch nicht genau feststeht und damit *Fremdkapital*. Der hohe Wert der Distinktion ist anerkannt in dem alten Satz: qui bene docet, bene distinguit (der ist ein guter Lehrer, der klar unterscheidet).

(c) Die *Beschreibung* (Deskription) ist die Aufzählung (im Sinne einer vorläufigen Zusammenstellung) unterschiedlicher Merkmale, wodurch ein Bild des Gegenstandes vor dem Bewußtsein entsteht. Hierzu sind sowohl wesentliche als auch außerwesentliche Merkmale zu gebrauchen, wenn sie nur zur genaueren Erkenntnis des Begriffes führen. Daher wird dieses Verfahren besonders häufig bei sinnlichen Gegenständen angewendet; etwa: Der Löwe ist ein Säugetier mit vier Füßen, an denen freie Zehen mit einziehbaren Krallen befindlich sind, einem starken Raubgebiß, einfarbigem Pelze und einem langen Schweife mit Büschel am Ende.

(d) Die *Erörterung* (Lokation) ist die bloße Anweisung einer Stelle, welche ein Begriff unter höheren Begriffen einnimmt. Es handelt sich also um die vorläufige Angabe des Genusbegriffes; etwa: Der Walfisch gehört zu den Säugetieren; der Kreis ist eine mathematische Figur; Wirtschaften ist soziales Handeln.

(e) Der *Vergleich* (Komparison) zielt auf übereinstimmende Merkmale ab. Es sollen *ähnliche* Begriffe angegeben werden, die eine Vorstellung von dem gesuchten Begriff vermitteln können. Der Vergleich steht daher zur Unterscheidung im Gegensatz, die auf *nicht* übereinstimmende Merkmale abzielt. Beispiele: Diathermasie ist in bezug auf Wärmestrahlen, was Durchsichtigkeit bezüglich der Lichtstrahlen ist; Daten in der Ökonomie entsprechen den Katalysatoren in der Chemie.

(f) *Notwendigkeitsbeziehungen* nennen Gründe, aus denen der zu erklärende Begriff hervorgeht, oder die Folgen, welche er nach sich zieht; etwa: Sonnenbrand entsteht, wenn man zu lange den ungeschützten Körper der Sonnenbestrahlung aussetzt; wenn mangels finanzieller Mittel ein Betrieb aufgeben muß, dann nennt man das Bankrott.

(2) Jedes der vorgestellten Mittel hat eigentümliche Vorzüge. So wird es möglich, auf mehrere, unterschiedliche Art und Weise eine Verständigung über den Inhalt eines unbekannten Begriffes zu vermitteln. Diese Vielfalt begegnet uns überall im täglichen Leben. Auch in den *Wissenschaften* (sowohl im Lehrvortrag als auch im geschriebenen Wort) sind unvollständige Definitionen häufiger, als man zunächst anzunehmen geneigt ist. Dies erkennt man erst, wenn man sich bewußt entsprechende Texte vor Augen führt. Dagegen ist auch nichts einzuwenden, solange das *Ziel der Definition* (Beschreibung der Merkmale eines Begriffes) damit erreicht wird.

(3) Allerdings gibt es genug Fälle, wo einzig und allein eine strenge Definition diese Aufgabe erfüllen kann. Die Formel für den Flächeninhalt einer Ellipse zum Beispiel (nämlich $a \cdot b \cdot \pi$, wobei a und b die Halbachsen bezeichnen) kann man durch keines der vorhin genannten Mittel ausdrücken. Ähnliches gilt für fast jeden Kunstausdruck der Wirtschaftslehre. Dafür lassen aber wieder die strengen Definitionen meist die Anschaulichkeit (nämlich die Rückführung auf Erfahrungsbegriffe und einfache Vernunftbegriffe) vermissen.

2. Vollständige Definition

(1) Die vollständige (strenge) Definition ist die erschöpfende und geordnete Angabe sämtlicher Merkmale eines Begriffes. Sie kann entweder eine Nominaldefinition oder eine Realdefinition sein.

(2) Die *Nominaldefinition* ist die unzweideutige Erklärung der Merkmale (A, b, c, ...) eines Begriffes N, indem der *Ausdruck* (die Benennung) von N *geändert* wird. Ein Name (etwa: internes Rechnungswesen; Pharmazie) wird durch einen anderen (Betriebsrechnung; Arzneimittellehre) ersetzt. Der Begriff ist dann erklärt, wenn seine Merkmale unter der anderen Benennung vorgestellt werden.

(a) Die Nominaldefinition wird manchmal auch der unvollständigen Definition beigezählt, und zwar als eigenes Mittel oder als Sonderart der Unterscheidung (Distinktion).

(b) *Namen* im Sinne der Logik sind alle Wörter und Wortverbindungen, welche für sich eine Bedeutung besitzen. Sie vermögen daher beim anderen eine Vorstellung von gewissem Inhalt zu erwecken (rot; variabler Kapitalkoeffizient).

(c) Die (manchmal so genannte) *Verbaldefinition* ist mit der Nominaldefinition nicht zu verwechseln. Hier handelt es sich bloß um eine sprachwissenschaftliche Ableitung des Wortes, wodurch seine Bedeutung oft *vergleichsweise* bestimmter hervortritt; etwa: Struktur kommt von struere = bauen; das Wort Kapital kommt von caput = das Haupt. Mit *Definition* hat dies wenig zu tun.

(3) In der *Realdefinition* (Sachdefinition) erscheinen die wesentlichen Merkmale (A, b, c, ...) eines Begriffes N geordnet nach Hauptmerkmal und Nebenmerkmalen aufgezählt. Sie gibt damit den Inhalt des Begriffes genau wieder. Zu ihr gehören erstens die *Angabe des Gattungsbegriffes* und zweitens die *Darlegung der Vorstellungen*, welche ihn als Artbegriff von anderen koordinierten Begriffen unterscheiden.

(a) Beispiele: *Stuhl* (N) ist eine tragbare Vorrichtung (A) zum Sitzen (b) für einzelne (c); *Tugend* (N) ist das pflichtgemäße Verhalten (A) nach Vernunftgesetzen (b) aus Achtung für dieselben (c); *Iso-Ophelimitätskurve* ist der geometrische Ort (c) aller Güterkombinationen (b), denen gegenüber ein Haushalt indifferent ist (A). – Könnte sich nicht jede Definition schließlich auf Begriffe und Namen stützen, welche eines weiteren Definierens weder *fähig* noch *bedürftig* sind, so ginge das Definieren ins Unendliche.

(b) Denkt man sich einen Begriff als etwas *Gegebenes, Fertiges* (etwa: Kreis, Mutter) und sucht man ihn durch Auflösung seiner Merkmale deutlich vor das Bewußtsein zu stellen, so ist das Verfahren *analytisch*. Man spricht daher von der *analytischen Definition*. Meist steht hierbei der zu definierende Begriff am Anfang; etwa: Kreis ist der geometrische Ort aller Punkte, die von einem festen Punkt, dem Mittelpunkt, den gleichen Abstand haben.

(c) Stellt man sich den Begriff als etwas erst *Werdendes* vor, und bemüht man sich, ihn durch Aufsuchen der ihn bestimmenden Merkmale vor dem Bewußtsein gleichsam erst aufzubauen, so ist das Verfahren *synthetisch*. In diesem Falle spricht man daher von der *synthetischen Definition*. Der zu definierende Begriff steht hier meist am Ende; etwa: Wenn die Erde, zwischen Sonne und Mond gestellt, ihren Schatten auf den Mond wirft, dann entsteht eine Mondfinsternis.

3. Definitionsregeln

(1) Für die strenge Definition, also die geordnete und vollständige inhaltliche Bestimmung eines Begriffes, gelten als wichtige Definitionsregeln:

(a) *Genauigkeit*. Die Definition muß die wesentlichen Merkmale des Begriffes (in der Folge A, Ab, Abc, ...) nennen. Auszuschließen sind alle zufälligen, außerwesentlichen Merkmale. Denn diese sind entweder bereits in den wesentlichen enthalten, oder sie sind überflüssig und erhöhen deshalb die Deutlichkeit der Vorstellung nicht; etwa: Investition ist der Einsatz von Geld bzw. Faktorleistungen (A) zur Errichtung, Erweiterung oder Verbesserung des Kapitalstocks (b) in einem Betrieb bzw. in der Volkswirtschaft (c) auf der Erde (d). Hier ist d ersichtlich unnütz, und auch c ist in der Fachsprache der Ökonomik entbehrlich.

(b) *Klarheit*. Die zur Definition herangezogenen Merkmale sollen klar, verständlich und begreiflich sein. Hiergegen verstößt der Gebrauch von Begriffen, die selbst wieder eine Definition heischen. Freilich läßt sich bei vielen wissenschaftlichen Definitionen nicht vermeiden, daß A, b, c, ... als zusammengesetzte Begriffe ihrerseits erklärungsbedürftig sind; etwa: Rentabilität ist das Verhältnis von Periodenerfolg zum Kapital des Betriebes. Beide wesentliche Merkmale, Periodenerfolg und Kapital des Betriebes, müssen definiert werden, um den (Komplex)Begriff Rentabilität klar abzugrenzen. In solchen Fällen ist es vorzuziehen, die Definition der Merkmale der Hauptdefinition anzuschließen.

(c) *Deutlichkeit*. Die Definition darf nicht Merkmale heranziehen, die mehrdeutig sind. Deshalb ist die Verwendung bildlicher Ausdrücke (Metapher) unstatthaft; etwa: Geld ist das Blut der Volkswirtschaft; Risiko ist die Bugwelle des Erfolgs; Malerei ist stumme Poesie. Aber auch spaßige Definitionen verstoßen gegen das Gebot der Deutlichkeit; etwa: Armut ist der Zustand ehrlicher Leute nach Bezahlung aller Steuern; Heirat ist die Geiselnahme unter staatlicher und kirchlicher Mitwirkung; Verbände sind organisierte Klageweiber.

(d) *Bestimmtheit.* Die Definition muß Merkmale nennen, die von dem zu definierenden Begriff geschieden, jedoch auch unter sich ungleich sind. Es muß also N $\neq$ A, A $\neq$ b, ... gelten. Gegen dieses selbstverständliche Gebot wird jedoch erfahrungsgemäß am häufigsten verstoßen. In solchen Fällen erscheint der zu definierende Begriff in der Definition offen oder versteckt wieder. Man nennt diesen Fehler *Zirkel* oder *Diallele*; etwa: Kundendienstpolitik heißt, durch Einschaltung des Kundendienstes Präferenzen bei den Abnehmern zu erzeugen (offene Diallele); Cash flow bezeichnet eine Kennziffer, welche den Finanzzufluß ausdrückt (versteckte Diallele).

(2) Nicht streng definiert werden können die *absolut größten* und die *absolut kleinsten* Begriffe: jene nicht wegen ihrer Kleinheit, diese nicht wegen der Größe ihres Inhalts. Das Unendliche läßt sich nicht in Grenzen einschließen. Also sind einfache Begriffe nicht definierbar, weil die Angabe ihrer Merkmale unmöglich ist, immaßen sie Genusbegriffe sind, über welchen kein Genus mehr steht. – *Individualbegriffe* (Einzelbegriffe) erfordern zu ihrer vollständigen Verdeutlichung eine so große Anzahl von Merkmalen, daß sie meistens nicht in die Schranken einer Definition einzuschließen sind.

(3) Auch viele *Erfahrungsbegriffe* sind einer vollständigen Definition nicht fähig. Die Erfahrung gibt nichts Allgemeines, Ganzes, Geschlossenes. Unsere Kenntnis der Gegenstände ist oft unvollkommen; die Sprache bietet keine bestimmt bezeichnenden Ausdrücke; menschliche Tätigkeit oder Natureinwirkungen verändern die Gegenstände selbst. Dadurch mangelt uns die Unterscheidung wesentlicher und zufälliger Merkmale: es fehlt uns die Einsicht in den Vorrat der notwendigen Bestimmungen.

(4) Aber auch die *Verstandesbegriffe* und ebenso die *gemachten Begriffe* (Vernunftbegriffe) sind nicht in jedem Falle zur vollständigen Deutlichkeit zu erheben. Der Verstand muß hier seine Grenzen erkennen. Das gilt genauso für die *Kunstausdrücke der Wirtschaftslehre.* Letztlich „klar" werden sie oft erst dann, nachdem sie in Zusammenhängen mehrfach aufgenommen wurden; logisch genauer ausgedrückt: wenn der Verstand sie wiederholt als Beziehungsbegriffe festgehalten hat. Ja, auch viele Begriffe, welche das Höchste und Wichtigste im Leben bezeichnen (etwa: Liebe; Gott) sind vielfach nur unzulänglich zu definieren. Daher der nie rastende Streit über Begriffe; deshalb das Abmühen in Versuchen, für wissenschaftliche Begriffe allgemeingültige Definitionen zu finden.

V. Einteilen von Begriffen

(1) Einteilen heißt, die unter einem Begriff zusammengefaßten Vorstellungen geordnet und vollständig aufzeigen. Eine logische *Einteilung* (Division) ist somit die deutliche Angabe der den Umfang eines Begriffes bildenden Teilvorstellungen. Sie stellt den *Gattungs*begriff in seinen *Art*begriffen dar.

(2) *Einteilung* und *Definition* verhalten sich wie *Umfang* und *Inhalt*. Sie ergänzen sich gegenseitig. Wenn die Definition die bestimmten *Grenzen* bezeichnet, in welche das Denkobjekt eingeschlossen ist, so bezeichnet die Einteilung die *Stellung*, welche ein Begriff gegenüber den ihm zunächst stehenden höheren Begriffen einnimmt. Auch gibt sie an, *wie viele* Arten (Spezies) unter einem höheren Begriff (Genusbegriff oder Gattungsbegriff) enthalten sind. Hieraus erklärt sich, warum jeder Einteilung eine *Definition vorausgehen* muß.

(3) Den Gattungsbegriff (N) bezeichnet man als das *Einzuteilende*; die Arten heißen *Einteilungsglieder*. Das, wonach eingeteilt wird (A, b, c, ...) nennt man *Einteilungsgrund*. Dieser Einteilungsgrund ist irgend ein Merkmal des eingeteilten Begriffes. Eine Einteilung kann also nach der Anzahl der wesentlichen und der zufälligen Merkmale geschehen. Indessen kann in aller Regel nur ein *wesentlicher* Einteilungsgrund eine sinnvolle Division bewirken.

1. Einteilungsarten

(1) Nach der Anzahl der Einteilungsglieder unterscheidet man *Zweiteilungen* (Dichotomien). *Dreiteilungen* (Trichotomien), ..., *Polytomien* (Vielteilungen). Eine besondere Art der Zweiteilung ist die nach der Unverträglichkeit zwischen Bejahung und Verneinung; hier spricht man vom *kontradiktorischen Gegensatz*. Solcher Einteilung liegen sich widersprechende Begriffspaare zugrunde; etwa: alle Menschen sind Raucher und Nichtraucher; die Ausgaben des Haushalts teilen sich in Verbrauch und Sparen.

Der kontradiktorische Gegensatz hat den Vorteil, daß die Einteilung (unter dem Gesichtspunkt der Logik) vollständig ist. Beinahe jedes Einzuteilende läßt sich so in Paare von A und nicht-A zerlegen. – Der Gedanke der Verneinung verbirgt sich sprachlich oft in Wörtern *ohne Verneinungszeichen*; etwa: Fremder, Ketzer, Mangel, Leere, dumm, Ruhe, Sparen (letzteres definiert als Nicht-Verbrauch von Einkommen).

(2) *Nebeneinteilungen* (Kondivisionen) erhält man, wenn zwei oder mehrere Gattungsmerkmale (A, b, c, ...) desselben Einzuteilenden als Einteilungsgründe gewählt werden. So kann man etwa die Kosten (A, nach der Art der Verrechnung) dichotomisch in Einzelkosten und Gemeinkosten einteilen sowie (b, nach ihrem Entstehen im betrieblichen Ablauf) pentatomisch (fünfgliedrig) in Kosten der Beschaffung, Lagerung, Fertigung, Verwaltung und des Vertriebs. Man erhält dann A, A · b (2, 2 · 5 = 10) Nebeneinteilungsglieder, also Einzelkosten der Beschaffung, Gemeinkosten der Beschaffung, Einzelkosten der Lagerung, etc.

(3) *Untereinteilungen* (Subdivisionen) erhält man, wenn die Glieder einer bereits vollzogenen Einteilung selbst wieder eingeteilt werden; etwa: die Menschen in Männer und Frauen, die Männer in Raucher und Nichtraucher, die

Raucher in Gelegenheitsraucher, Normalraucher (Definition?) und Kettenraucher etc. Die Regeln, welche für die Einteilung selbst gelten, haben auch für die Untereinteilung Gültigkeit.

2. Einteilungsregeln

(1) Für die sachgerechte Einteilung gelten vier Hauptregeln.

(a) *Richtiger Einteilungsgrund.* Der Begriff muß anhand eines wesentlichen Merkmals in Teilbegriffen unterschieden werden. Durch Anlegung eines außerwesentlichen Merkmals entstehen unpassende, oft absonderliche Einteilungen; etwa: die Passiva der Bilanz untergliedert nach dem Geburtstag der Gläubiger.

(b) *Stetiger Einteilungsgrund.* Der Einteilungsgrund darf nicht innert einer Einteilung wechseln. Zwar darf ein Begriff unter *allen* seinen wesentlichen Merkmalen betrachtet werden. Aber die Einteilung darf nicht in einer Linie die verschiedenen Gesichtspunkte durcheinandermischen. Ein Beispiel: Betriebe können hinsichtlich ihrer Rechtsform, bezüglich ihrer Branchenzugehörigkeit, nach der Art der Leistungserstellung oder nach der Betriebsgröße eingeteilt werden. Es wäre aber unsinnig, die Betriebe in Aktiengesellschaften, Banken, Einzelanfertiger und Großbetriebe zu unterteilen.

(c) *Ausschluß der Teilungsglieder.* Die aus dem zu teilenden Begriff (Oberbegriff) gebildeten Teilbegriffe (Unterbegriffe) müssen sich gegenseitig ausschließen; nicht etwa: die Bilanzen werden in Jahresbilanzen und Steuerbilanzen eingeteilt.

(d) *Ganzheit der Teilungsglieder.* Die Teilungsglieder zusammengenommen (die Summe der gebildeten Unterbegriffe) müssen den eingeteilten Begriff (Oberbegriff) ergeben; nicht etwa: Wirtschaftssubjekte sind Unternehmen und der Staat.

(2) Von der Einteilung (Division) ist die *Partition* (Zerteilung) zu unterscheiden. Sie ist die Zerlegung eines einzelnen Gegenstandes in seine Bestandteile. Der Baum zerfällt in Wurzel, Stamm, Äste und Zweige; der Akkord besteht aus Grundton, Terz und Quinte. – Bei der Einteilung kann der Artbegriff (Europäer) dem Gattungsbegriff (Mensch) als *Prädikat beigelegt* werden. Demgegenüber kann bei der Partition *nicht* das Ganze (Mensch) das Prädikat eines Teils (Leib) sein. Es läßt sich also nicht sagen: der Stamm ist ein Baum; die Terz ist ein Akkord; der Leib ist ein Mensch.

(3) Keineswegs alle Begriffe lassen sich durch Einteilung zum gleichen Grad der Deutlichkeit erheben. *Nicht* im strengen Sinne *einzuteilen* sind:

(a) *Individualbegriffe.* Zwar läßt sich auch bei ihnen rein logisch eine fortgesetzte Verkleinerung im Umfang des Begriffes denken. In Wirklichkeit aber

vermag hier allenfalls eine *Partition* zu näherer umfänglicher Deutlichkeit zu
verhelfen. Oft genügt auch eine *Aufzählung* aller (oder selbst nur einiger wichtiger) Arten ohne Angabe des Einteilungsgrundes; etwa: *George Washington*
war der erste Präsident der Vereinigten Staaten von Amerika und Begründer
ihrer Unabhängigkeit von Großbritannien; er lebte von 1732 bis 1799.

(b) Begriffe von *Erfahrungsgegenständen*, deren Aufbau bzw. Möglichkeiten praktisch nicht (vollständig) zu erkennen sind. Die Einteilung wird daher
in der Regel nur eine annähernde sein können; etwa: Computernutzung;
Steuerhinterziehung.

(c) Begriffe, von welchen eine *strenge* Definition *nicht* vorkommt. Hierzu
zählen auch die absolut größten und die absolut kleinsten Begriffe; etwa: die
Zahl ∞, das Nichts.

(3) Nicht jede *logisch richtige* Einteilung ist auch *sachlich* (empirisch)
sinnvoll oder *fachwissenschaftlich zutreffend*. So ist zwar wichtiger Einteilungsgrund bei den Menschen die Hautfarbe (Weiße, Gelbe, Schwarze, Rote) oder
beim Vieleck die Ecken (Dreieck, Viereck, Fünfeck). Aber es gibt unter den
Menschen nicht auch Grüne und Blaue und unter den ebenen Vielecken kein
Eineck und Zweieck. Im ersten Beispiel ist der *empirische*, im zweiten der
fachwissenschaftliche Umfang der genannten Begriffe kleiner als der logisch
denkbare.

B. Urteile

(1) *Urteil* heißt die Aussage über das logische Verhältnis zweier oder mehrerer Begriffe zueinander. Hierbei geht man von einem Begriff aus, welcher
Subjekt heißt. Auf diesen wird ein hinzukommender Begriff, das *Prädikat*,
bezogen. Das Urteil wird meistens in Form eines *Satzes* sprachlich ausgedrückt;
etwa: Haushalte (*Subjekt*) sind Wirtschaftseinheiten (*Prädikat*). Das Subjekt
(S) ist der inhaltlich *engere*, das Prädikat der *weitere* Begriff; S ist der *Unter*-
begriff, P ist der *Ober*begriff.

(2) In dem Urteil „S ist P" wird lediglich über das *logische Verhältnis* der
Begriffe etwas ausgesagt, und nicht mehr. Das Urteil: „Mars ist ein Kriegsgott"
ist ebenso wahr wie: „Der Walfisch ist ein Säugetier". Es sagt aus: wenn man
sich Mars denkt, so hat man ihn als Kriegsgott zu begreifen. Aus dem Urteil
„S ist P" folgt also keineswegs auch: S *ist* (existiert). Der Sinn eines Urteils
ist mithin grundsätzlich ein *hypothetischer*: Wenn ich mir S denke, so habe
ich es als P zu denken. – Vom Urteil im definierten Sinne ist das *Urteil im
juristischen Sinne* (Entscheidungsakt eines Gerichtes darüber, was rechtens
ist) zu unterscheiden.

(3) Der sprachliche Ausdruck eines Urteils *muß nicht* unbedingt ein Satz mit Subjekt (Satzgegenstand) und Prädikat (Satzaussage) im grammatikalischen Sinne sein. Oft steckt ein ganzer Satz in einem einzigen *Wort*: etwa in den Alarmrufen „Feuer", „Hilfe", oder auch nur in einer *Gebärde*; etwa: Kopfnicken; deutscher Kraftfahrergruß (mehrmaliges Antippen der Stirn mit dem Zeigefinger). Ja, sogar das bloße *Verhalten* kann unter Umständen Zeugnis von einem Urteil ablegen; man denke an den römischen Rechtssatz „Schweigen gilt als Zustimmung". – Das Verbindungswort (Aussagewort) „ist" bzw. „ist nicht" wird *die Kopula* (das Band) genannt. – Für das Urteil ist normalerweise der Satz die sprachliche Erscheinung. Der Satz *ist* also *nicht das Urteil* selbst, sondern bloß das *äußere Zeichen* eines vollzogenen Denkvorgangs.

I. Bejahende Urteile, Verneinende Urteile

(1) Legt man das *inhaltliche Verhältnis* der Begriffe (die *Qualität*) als Einteilungskriterium zugrunde, so lassen sich zwei Arten von Urteilen erkennen. Entweder wird P dem S *zugeschrieben* oder ihm *abgesprochen*. Im ersten Fall spricht man von einem *bejahenden* (affirmativen) Urteil; etwa: England ist eine Insel, S *ist* P. Im zweiten Falle heißt das Urteil *verneinend* (negativ); etwa: England ist kein Festland, S *ist nicht* P.

(2) Von den beiden genannten Qualitäten kommt *jedem* Urteile die eine oder die andere zu. Ein dritter Fall neben dem bejahenden und verneinenden Urteil ist nicht denkbar. Ihr Verhältnis bezeichnet man als das des *Widerspruchs* (der Kontradiktion, des kontradiktorischen Gegensatzes).

(3) Ein verneinendes Urteil entsteht also dadurch, daß zwischen die beiden Begriffe S und P eine *Negation* (Verneinung) tritt. Damit wird entschieden, daß eine Beziehung (England) des einen Begriffs auf den anderen Begriff (Festland) *nicht stattfindet*. Man nennt solche Begriffe auch *negative Begriffe*; etwa: Nichtraucher; Nichtskönner; Nichtstuer. Sprachlich ist der Gedanke der Negation (wie bei der Lehre von der Einteilung bereits dargelegt) häufig auch in Wörtern *ohne Negationszeichen* gefaßt; etwa: Müßiggänger; Dummkopf; Stille.

II. Allgemeine Urteile, Besondere Urteile, Einzelne Urteile

(1) Führt man das *umfängliche Verhältnis* der Begriffe (die *Quantität*) als Divisionsmerkmal ein, dann lassen sich drei Arten von Urteilen unterscheiden.

(a) Einmal kann sich P auf ein *Einzelding* als Subjektsbegriff beziehen; etwa: Chicago ist eine Großstadt. Ein solches Urteil heißt *einzelnes* (singuläres, individuelles). Einzelne Urteile erkennt man daran, daß S ein *Eigenname* bzw. ein *hinweisendes Fürwort* (Demonstrativpronomen, wie: der, dieser, jener) ist.

(b) Zum andern kann der Prädikatsbegriff auf bloß einen *Teil des Umfangs* des Subjektsbegriffes bezogen sein; etwa: Einige Studierende sind fleißig. Solch ein Urteil heißt *besonderes* (partikuläres, spezielles). Besondere Urteile erkennt man gewöhnlich an dem Umfangszeichen vor dem Subjektsbegriff: es sind *Zahlen* oder *Zahlwörter* (Numeralia, wie: einige, manche, wenige). Häufig werden besondere Urteile jedoch auch *ohne* Umfangszeichen ausgedrückt; etwa: Menschen sind verletzt worden, anstatt ausführlich: Einige Menschen sind verletzt worden.

(c) Bezieht sich schließlich der Prädikatsbegriff *vollumfänglich* auf den Subjektsbegriff, so liegt ein *allgemeines* (generelles, universelles) Urteil vor; etwa: Alle Menschen sterben. Umfangszeichen sind hier *allgemeine Fürwörter*, wie: sämtliche, jeder, keiner.

(2) Die Umfangsbestimmung vermag sich sowohl auf ein bejahendes als auch auf ein verneinendes Urteil zu beziehen. Das einzelne Urteil kann man auch als *Sonderform* des speziellen Urteils betrachten (nach der Quantität, also dichotomisch einteilen). Dann kommt man zu *vier Grundformen*. Sie werden bei den Logikern (nach den Vokalen der Worte AffIrmo = ich bejahe und nEgO = ich verneine) mit den Buchstaben A, E, I, O gekennzeichnet. – A steht für das *allgemein bejahende* Urteil: S < P; etwa: Alle Menschen sind sterblich. – E bezeichnet das *allgemein verneinde* Urteil: S < - P; etwa: Gold rostet nicht. – I bezeichnet das *besondere bejahende* Urteil: 1/S < P; etwa: Einige Flüsse sind schiffbar. – O steht für das *besondere verneinende* Urteil: 1/S < - P; etwa: Einige Schlangen sind nicht giftig. Die Grundformen drückt der Vierzeiler aus:

Assertit A, negat E,	Das A bejahet allgemein,
Sed universaliter ambo;	Das E spricht stets zu allem nein;
Assertit I, negat O,	Das I bejaht, doch nicht von allen,
Sed particulariter ambo.	So läßt auch O sein Nein erschallen.

(3) Denkt man sich das Urteil als Bestimmung des logischen Verhältnisses beider Begriffe *dem Umfang* (der Sphäre) nach, so hat die Bestimmtheit bei den vier genannten Urteilsformen einen ungleichen Grad.

(a) Bei A (allgemein bejahendes Urteil) wird der Umfang von S ganz in die Sphäre P versetzt. Daher hat A den größten Grad von Bestimmtheit.

(b) Bei E (allgemein verneinendes Urteil) wird die Sphäre S ganz außerhalb der Sphäre P verlegt. Beide Sphären schließen sich vollkommen aus, was schon nicht mehr so bestimmt ist. Immerhin schließt aber E doch einen gewissen Grad von Bestimmtheit bezüglich der gegenseitigen Lage beider Begriffssphären in sich.

(c) Bei I (besonderes bejahendes Urteil) wird behauptet, daß der Umfang S mindestens teilweise in P liege. Es könnte S aber auch ganz in P liegen.

(d) Bei O (besonderes verneinendes Urteil) wird behauptet, daß die Sphäre S mindestens teilweise außerhalb des Umfangs P liege, wobei sie allerdings auch ganz außerhalb desselben liegen kann. Das Urteil O ist damit das *schwächste*, also das am wenigsten sagende.

III. Bedingungslose Urteile, Bedingte Urteile, Ausschließende Urteile

(1) Nach der *Art der Beziehung* zwischen S und P (*Relation*) lassen sich *drei Formen* von Urteilen unterscheiden.

(a) Im ersten Falle ist die Verbindung von S und P von nichts abhängig gemacht: sie ist eine *un*bedingte. Man nennt ein solches Urteil *bedingungslos* (kategorisch); etwa: Alle Körper haben Ausdehnung.

(b) Im zweiten Falle hängt das Urteil von einem anderen ab. Was der Hauptsatz sagt, ist erst dann richtig, wenn das im Nebensatz Enthaltene wirklich Gültigkeit besitzt. Das Urteil ist mithin bedingt: von Voraussetzungen abhängig. Ein solches Urteil heißt *bedingt* (hypothetisch); etwa: Wenn ein Dreieck gleichseitig ist, dann ist es auch gleichwinklig.

(c) Im dritten Falle sind zwei oder mehrere, sich ausschließende und den Prädikatsbegriff erschöpfende P vorhanden. Jedoch nur *eines* von ihnen kann, unter Ausschluß der übrigen, dem S zukommen. Das Urteil wird dann *ausschließlich* (disjunktiv) genannt; etwa: Der Angeklagte ist entweder schuldig oder unschuldig.

(2) Das bedingungslose, *kategorische* Urteil entsteht also durch unmittelbare Beziehung zweier Begriffe aufeinander. Das P wird dem S geradezu, schlechthin beigelegt oder abgesprochen. Das Verhältnis der Begriffe kann dabei ein doppeltes sein. Entweder wird dem Subjektsbegriff *eines seiner Merkmale gegenübergestellt*; etwa: Der Wald ist grün; Einige Menschen sind gelehrt. Oder der Subjektsbegriff erscheint als *Teilvorstellung des Prädikatsbegriffes*; etwa: Alle Meisen sind Vögel; Hannibal war ein großer Feldherr.

(3) Bedingte, *hypothetische* Urteile entstehen, wenn man sich in der Aussage S < P anstatt S und P *ganze Urteile* denkt. Das Abhängigkeitsverhältnis des P vom S, das hier ausdrücklich durch die Partikel „wenn – dann" hervorgehoben wird, heißt auch *Abfolge* (Konsequenz). Den Wenn-Satz bezeichnet

man als *Vordersatz* (Hypothesis) und ist der *Grund.* Der Dann-Satz wird *Nachsatz* (Thesis) genannt und ist die *Folge.*

In der deutschen Sprachlehre heißen die den hypothetischen Urteilen entsprechenden Satzgefüge *Bedingungssätze.* Das den Nachsatz einleitende „dann" oder „so" wird in jüngster Zeit immer häufiger (*gegen* die Regeln der Grammatik) weggelassen. – Jedoch sind nicht *alle* mit „wenn – dann (so)" gebildeten Sätze auch hypothetische Urteile! Manchmal handelt es sich auch um *versteckte kategorische Urteile*; etwa: Wenn alle Winkel eines Dreiecks addiert werden, so betragen sie 200^g. Dies will besagen: Die Winkel eines Dreiecks betragen zusammen 200^g. – In anderen Fällen wird statt einer Abhängigkeit des Nachsatzes vom Vordersatz bloß eine *Gleichzeitigkeit* ausgedrückt; etwa: Wenn das Barometer fällt, dann nimmt der Luftdruck ab. – Die *logische Abfolge* im hypothetischen Urteil ist grundsätzlich von der Wahrheit, der *sachlichen Richtigkeit* unabhängig. Es wird lediglich behauptet, daß *wenn* der Vordersatz richtig ist, der Nachsatz eine notwendige Folge ist. Indessen, *ob* der Vordersatz sachlich richtig ist, kann die Logik nicht feststellen.

(4) Das ausschließende, *disjunktive* Urteil beruht auf der Trennung der Prädikatsglieder, die sich notwendig ausschließen müssen. Der logische Gegensatz ist hier wieder der kontradiktorische. Die Kopula ist daher „entweder – oder".

Zweigliedrige Disjunktionen heißen *Alternativen.* Man beachte aber, daß *eine* Alternative *zwei*, hingegen *zwei* Alternativen *vier* Prädikatsglieder meint. Der Sprachgebrauch der letzten Jahre setzt den *Ober*begriff (Alternative) für den *Unter*begriff (Prädikat). – Wird einem Oberbegriff sein Unterbegriff als P gegenübergestellt, so spricht man von einem *divisiven* (partitiven) Urteil als Sonderfall des ausschließenden Urteils. Die Kopula ist hier meist „teils – teils" oder „nicht nur – sondern auch (– und)"; etwa: Börsen sind teils Warenbörsen, teils Effektenbörsen, teils Dienstleistungsbörsen; Kostenverteilung geschieht nicht nur nach dem Verursachungsprinzip, sondern auch nach dem Durchschnittsprinzip und dem Tragfähigkeitsprinzip.

IV. Mögliche Urteile, Wirkliche Urteile, Notwendige Urteile

(1) Es lassen sich die Urteile auch nach dem Grad der Gewißheit, nach der *Zuversichtlichkeit des Urteilenden* über die Verbindung von S und P (der *Modalität*) untergliedern. Beruht das Urteil auf *Vermutungen*, so nennt man es *möglich* (problematisch); etwa: Dieses Zeugnis kann gefälscht sein. – Stützt sich das Urteil auf bestimmte *Tatsachen der Erfahrung*, so nennt man es *wirklich* (assertorisch); etwa: Dieses Zeugnis ist gefälscht. – Bezieht sich das Urteil auf einen *unabänderlichen Zusammenhang der Dinge*, und das Gegen-

teil zu denken wäre dem Urteilenden ganz unmöglich, so heißt es *notwendig* (apodiktisch); etwa: Dieses Zeugnis muß gefälscht sein.

(2) Die gewöhnlichen Unterscheidungszeichen dieser Urteile liegen in ihrer Kopula „kann" (möglich), „ist" (wirklich) und „muß" (notwendig). Freilich haben diese Modalitätsunterschiede nicht eine *logische*, sondern vielmehr eine *psychologische* Bedeutung. Denn sie beziehen sich ja *nicht* auf den *Inhalt des Urteils* selbst, sondern auf die Art und Weise der Setzung desselben von seiten des Urteilenden. Ihm kann das Urteil, je nach seiner subjektiven Verfassung, nicht allein als möglich, wirklich oder notwendig erscheinen, sondern darüber hinaus auch mit allen möglichen Graden von Wahrscheinlichkeit behaftet.

V. Weitere Einteilung

(1) Wie die Begriffe, so lassen sich auch die Urteile in *ihrem Verhältnis zueinander* betrachten. Als Einteilungsgrund kann die Qualität, die Quantität, die Relation und die Modalität gewählt werden. Daraus ergeben sich dann vielerlei Einteilungen, die in den Lehrbüchern der Logik gelehrt werden.

(2) Sollen Urteile in ihrem Verhältnis zu anderen nach der *Modalität* erkundet werden, dann unterscheiden sich *unmittelbar gewisse* Urteile von *abgeleiteten*, deren Gewißheit sich auf andere stützt. Unmittelbar gewisse Urteile heißen *Grundsätze*. Von der theoretischen Seite gesehen nennt man sie auch *Axiome*, von der praktischen Seite betrachtet *Postulate* (Forderungs--sätze). In jeder Wissenschaft bilden solche Urteile die Ausgangslage allen Denkens, sie sind ihre *Prinzipien*. Die vier nachher vorgestellten Denkgesetze sind solche Grundsätze. Diese gelten nicht nur für die Logik, sondern für jede Wissenschaft.

(3) Abgeleitete Urteile sind *Theoreme* (Lehrsätze) und *Probleme* (praktische Sätze; Aufgaben). Die in Problemen enthaltene *Frage* bedarf der *Auflösung*. – Durch weitere Ableitung aus Theoremen und Problemen entstandene Sätze heißen *Folgerungen* (Folgesätze, Zusätze, Korollarien). Sind diese in Anmerkungsform, dann spricht man von *Auslegungen* (Scholien, Einzahl: das Scholion oder die Scholie).

(4) Hinsichtlich ihrer *Abstammung* kann man Urteile erkennen, die aus *Erfahrung* (Beobachtungen, Befragungen, Versuche) Kenntnisse vermitteln. Sie sind *empirisch* erkannt; man nennt sie *Urteile a posteriori* (Erfahrungsurteile). Urteile, die aus dem *Denken*, aus der Vernunft Erkenntnisse ziehen, heißen *Urteile a priori* (Vernunfturteile). Diese Einteilung hat in der Wissenschaftslehre eine große Bedeutung.

(a) Definiert ist der Begriff der apriorischen Erkenntnis durch das negative Merkmal, *nicht* aus der *Erfahrung* zu stammen. Als kennzeichnende Merkmale der Apriorität gelten *Notwendigkeit* und *Allgemeingültigkeit*. Es ist einzusehen, daß apriorische Einsichten wissenschaftlich wertvoller als aposteriorische sind. Niemand würde beispielsweise eine nur auf Versuchen (auf Ausmessen der Flächen- und Rauminhalte) sich stützenden Geometrie als wissenschaftlich gelten lassen.

(b) Diejenige Richtung in einer Wissenschaft, für welche die *Erfahrung* einzige Quelle allen Wissens ist, nennt man *Empirismus*. Grundlage der Wissenschaft sind demzufolge aposteriorische Urteile, *Kenntnisse*, und *nicht* apriorische Urteile, nämlich *Erkenntnisse*. Der Vernunft weist der Empirismus nicht den *Ursprung des Wissens* zu, sondern bloß dessen Formung. Ordnung und *Gestaltung*. – Ein Lehrsatz, dessen Wahrheit ausschließlich auf Erfahrungsurteilen beruht, heißt *Empirem*; etwa: schlechtes Geld verdrängt gutes Geld (Greshamsche Regel).

Übersicht 1

Übersicht der wichtigsten Urteilsarten

Urteil = Zuerkennung eines Prädikats zu einem Subjekt; einem Gegenstand werden Merkmale zugeordnet; die Aussage über das *logische Verhältnis* zweier oder mehrerer Begriffe zueinander

Einteilungsgrund	*Teilungsglieder*
Qualität (Inhalt)	bejahendes (affirmatives), verneinendes (negatives) Urteil
Quantität (Umfang, Sphäre)	einzelnes (singuläres), besonderes (partikuläres), allgemeines (generelles) Urteil
Relation (Verhältnis)	bedingungsloses (kategorisches), bedingtes (hypothetisches), ausschließendes (disjunktives) Urteil
Modalität (Art und Weise)	mögliches (problematisches), wirkliches (assertorisches), notwendiges (apodiktisches) Urteil

C. Schlüsse

(1) Ein *Schluß* ist die Ableitung eines Urteils aus einem oder mehreren als wahr angenommenen Urteilen; etwa:

> Jeder Mensch stirbt.
> Aleph ist ein Mensch.
> _____
> Also stirbt Aleph.

Das erste Urteil (Jeder Mensch stirbt) nennt man *Obersatz*, das zweite (Aleph ist ein Mensch) *Untersatz* und beide zusammen *Vordersätze* (Prämissen, Propositionen). Die letzte Aussage (Also stirbt Aleph) heißt *Schlußsatz* (Konklusion). Der Schlußsatz ist also nur das dritte, sprachlich eingekleidete *Urteil*, jedoch *nicht* der Schluß als solcher. Dieser besteht vielmehr aus allen drei Sätzen oder Urteilen gesamthaft.

(a) Der *Obersatz* faßt ein *allgemeines* (generelles) Urteil. Der *Untersatz* stellt einen besonderen Fall auf. Er enthält also ein *einzelnes* (singuläres) oder ein *besonderes* (partikuläres) Urteil, das mit dem vorigen einen gemeinsamen Bestandteil (im Beispiel: Mensch) hat. Der *Schlußsatz ordnet* dann den besonderen Fall dem allgemeinen Urteil *unter*.

(b) Die drei Urteile enthalten *drei Hauptbestandteile* oder Begriffe, von denen jeder zweimal vorkommt. Auch diese Begriffe haben besondere Namen, nämlich:

— *Oberbegriff* (im Beispiel: stirbt); als Prädikat vom Allgemeinen im Obersatz erscheint er wieder als Prädikat vom Besonderen im Schlußsatz; Symbol: P.

— *Unterbegriff* (im Beispiel: Aleph); er ist das Subjekt des Untersatzes und wird das Subjekt des Schlußsatzes; Symbol: S.

— *Mittelbegriff* (im Beispiel: Mensch); er kommt nur in den beiden Vordersätzen vor und hat die Aufgabe, den Schluß zu vermitteln; Symbol: M.

(c) Im *Schlußsatz* darf also der *Mittelbegriff* nie vorkommen. Subjekt der Konklusion ist stets der *Unterbegriff* (im Beispiel: Aleph), Prädikat immer der *Oberbegriff* (im Beispiel: stirbt). Der Unterbegriff hat seinen Namen daher, weil er dem Oberbegriff *unter*geordnet (subordiniert) wird. Es erscheint also in der Regel:

> 1. Mittelbegriff — Oberbegriff, M P.
> 2. Unterbegriff — Mittelbegriff, S M.
> _____
> 3. Unterbegriff — Oberbegriff, S P.

Übersicht 2

Wichtige Fachausdrücke der Lehre vom Schließen	
Schluß = Die Ableitung eines Urteils aus einem oder mehreren Urteilen	
Benennung	*Definition*
Obersatz ⎫ Prämissen, ⎬ Vordersätze Untersatz ⎭	allgemeines Urteil; es spricht eine *Regel* aus; etwa: Kein Element ist zerlegbar einzelne (individuelles) oder besonderes (spezielles) Urteil. Es spricht einen namentlichen Fall aus und hat mit dem Obersatz einen gemeinsamen Bestandteil; etwa: Gold ist ein Element
Schlußsatz	Urteil, das den besonderen Fall dem allgemeinen Fall unterordnet; etwa: Also ist Gold nicht zerlegbar
Oberbegriff (P)	Begriff, der das Prädikat des Schlußsatzes bildet und somit der *weitere* Begriff ist (im Beispiel: zerlegbar)
Unterbegriff (S)	Begriff, der das Subjekt des erschlossenen Urteils darstellt und somit der *engere* Begriff ist (im Beispiel: Gold)
Mittelbegriff (M)	Begriff, der nur in den Prämissen (Vordersätzen) vorkommt und dem die Aufgabe zufällt, die Verknüpfung zwischen dem Subjekt und dem Prädikat des Schlußsatzes zu vermitteln (im Beispiel: Element)

Aus den drei Sätzen kann ein einziger Satz gebildet werden: Aleph als Mensch stirbt (S M P). Der Mittelbegriff ist der *begründende Bestandteil* (weil Aleph ein Mensch ist): er verdeutlicht das Verhältnis zwischen Subjekt und Prädikat des Schlußsatzes. Die Verbindung des Mittelbegriffes muß wenigstens einmal bejaht sein.

(d) Die logische Lehre vom Schlusse hat die Gesetze dafür aufzustellen, von welchen Merkmalen der Prämissen (Obersatz und Untersatz) es abhängt, *ob* ein bestimmtes Urteil aus ihnen mit Gewißheit *erschlossen werden* kann oder nicht. Daraus ergibt sich die Aufgabe, ungültige Schlüsse als solche aufzudekken, sie als *Fehlschlüsse* zu erweisen. – Der „gesunde Menschenverstand" vermag regelmäßig auch ohne alle Berufung auf die Logik mit einiger Sicherheit Schlüsse zu ziehen (Aleph stirbt), sowie offenkundige Fehlschlüsse zu erkennen. Doch sind gerade in den Wissenschaften die Fälle häufig, in welchen diese Sicherheit fehlt; etwa: Der Geist ist aktiv. Die Materie ist nicht Geist. Daher ist die Materie nicht aktiv (Schluß von *René Descartes*, 1596-1650).

I. Deduktionsschlüsse

(1) In dem Beispielschluß (Jeder Mensch stirbt . . .) liegt ein Schluß vom *Allgemeinen* auf das *Besondere*: dem allgemeinen Urteil wird ein besonderes Urteil untergeordnet. Ein solcher Schluß, bei dem vom Allgemeinen auf das Besondere durch Unterordnung (Subordination) geschlossen wird, heißt *Deduktionsschluß* (Syllogismus). Das Urteil im Obersatz (Jeder Mensch stirbt) war ein *kategorisches* (bedingungsloses). Nach der Art der Beziehung (*Relation*) kann der Obersatz auch ein *hypothetisches* (bedingtes) oder ein *disjunktives* (ausschließendes) Urteil sein. Nach den Arten der Urteile richten sich auch die Arten der Schlüsse. Die Syllogismen sind also kategorische, hypothetische oder disjunktive Schlüsse.

1. Kategorische Schlüsse

(1) Beim *kategorischen* (bedingungslosen) Schluß verfährt man nach dem Grundsatz: Weil eine Aussage von *Allen* gilt, so gilt sie auch von *Mehreren* und *Einzelnen*, oder: Weil eine Aussage in *Widerspruch* mit dem *Ganzen* steht, so widerspricht sie auch den *Teilen* und dem *Einzelnen*. Der bis anher als Beispiel gebrauchte Schluß ist mithin ein Deduktionsschluß kategorischer Art auch in der verneinenden Form:

Kein Mensch ist unsterblich.
Aleph ist ein Mensch.
_____
Also ist Aleph nicht unsterblich.

(2) Bei der gegebenen Definition des kategorischen Schlusses bleibt an sich offen, welche Stellung die jeweiligen Begriffe in den Prämissen innehaben. Dies hängt davon ab, ob der *Mittelbegriff* in ihnen die *Subjekt*stelle oder die *Prädikat*stelle einnimmt. Man nennt die Gestaltungen des kategorischen Deduktionsschlusses, die sich aus den verschiedenen Stellungen des Mittelbegriffes ergeben, dessen *Figuren*. Grundsätzlich sind *vier* solcher Figuren möglich.

(a) Erstens M P, S M, S P wie im Beispielschluß. Man nennt sie *Grundfigur* (Normalfigur).

(b) Zweitens P M, S M, S P. Der *Ober*satz muß ein *allgemeines* Urteil enthalten; *eine* Prämisse muß *verneinend* sein. Der Schlußsatz ist dann notwendig auch verneinend; etwa:

> Warengeld ist kein Zeichengeld.
> Banknoten sind Zeichengeld.
> _____
> Also sind Banknoten kein Warengeld.

(c) Drittens M P, M S, S P. Der *Ober*satz kann hier *alle* kategorischen Urteilsformen annehmen; der *Unter*satz muß *affirmativ* (bejahend) sein. Der Schlußsatz ist ein partikuläres (besonderes, spezielles) Urteil, etwa:

> Die Haushaltstheorie ist ein Teil der Nationalökonomik.
> Zur Haushaltstheorie gehört der Grenznutzenbegriff.
> _____
> Also gehört der Grenznutzenbegriff zur Nationalökonomik.

(d) Viertens P M, M S, S P. Hier muß der *Unter*satz *allgemein* sein, wenn der *Ober*satz *bejahend* ist. Falls eine Prämisse *verneint*, dann muß der *Ober*satz *bejahend* sein. Wenn der *Unter*satz *bejahend* ist, so muß der Schlußsatz *partikulär* (ein besonderes, spezielles Urteil) sein; etwa:

> Jeder Garantiepreis bedingt Überproduktion.
> Jede Überproduktion führt zu Lägern.
> _____
> Also sind einige Läger den Garantiepreisen zuzuschreiben.

(e) Die ersten drei Figuren werden nach ihrem Erfinder *Aristoteles von Stagira*, 384-322 v. Chr. auch die *aristotelischen Figuren* genannt. Die vierte heißt nach ihrem Entdecker, dem berühmten Arzt und Logiker *Claudius Galenus von Pergamos*, 131-200 n. Chr. die *galenische Figur*. Innert der Figuren kann man wieder (wie bei den Urteilen) nach A, E, I und O im Schlußsatz unterscheiden. Man gelangt auf diese Weise zu 16 einzelnen kategorischen Schlußfiguren gesamthaft. Die weitläufige Diskussion dieser Fälle war durch die Jahrhunderte ein Steckenpferd der Logiker.

(3) Fehler beim kategorischen Syllogismus entspringen im wesentlichen aus *fünf* Quellen.

(a) Erstens, es ist das Gebot *dreier Hauptbestandteile* (nämlich P, S und M) nicht beachtet. Bei bloß zwei Begriffen wird eine Aussage lediglich wiederholt; ein Schlußsatz ist bei solcher Zweigliedrigkeit *nicht* ableitbar. Sind jedoch *mehr* als drei Begriffe vorhanden, so ist ein Schließen gleichfalls unmöglich; etwa:

> Alle Vögel fliegen.
> Alle Fische schwimmen.
> _____
> Also?

(b) Zweitens, es besteht keine *Gleichartigkeit des Mittelbegriffes* in den Prämissen. In diesem Falle kann eine Vermittlung zum Schlußsatz natürlich nicht stattfinden. Dieser Fehler entsteht entweder bei Verwendung *mehrdeutiger* Begriffe; etwa:

Jede Wirtschaft ist auch Kulturleistung.
,,Zum Rockerparadies" ist eine Wirtschaft.

Also ist ,,Zum Rockerparadies" auch Kulturleistung.

(Wirtschaft als Mittelbegriff einmal Volkswirtschaft, zum anderen Gaststätte), oder bei der Wahl eines Begriffes schlechthin und dann mit *Einschränkungen*; etwa:

Jeder Bedarf bedeutet Nachfrage.
Für Gut A besteht latenter Bedarf.

Also besteht für Gut A Nachfrage.

(latenter Bedarf schränkt Bedarf ein, weil definitionsgemäß von noch nicht empfundenen Mangelerscheinungen ausgesagt).

(c) Drittens, es wird der *Mittelbegriff* wieder in den *Schlußsatz* gesetzt. Auch hier findet bloß eine Wiederholung der Prämissen statt; etwa:

Jedes Risiko ist versicherbar.
Leckage ist ein Risiko.

Also ist Risiko versicherbar.

(M statt S als Subjekt der Konklusion).

(d) Viertens, es kommen nur *verneinende* Urteile in den Prämissen vor; etwa:

Keine Buchung ohne Beleg.
Einige Buchungen sind nicht richtig.

Also?

oder die Vordersätze sind *beide* (also in Obersatz *und* Untersatz) *besondere* Urteile; etwa:

Manche Konsumgüter sind Gebrauchsgüter.
15 dieser Güter sind Konsumgüter.

Also?

Der Schlußsatz wird überdies schon besonders, wenn nur *eine* der Prämissen es ist. Andererseits ist die Konklusion (der Schlußsatz) bereits verneinend, wenn *ein* Vordersatz verneinend ist.

(e) Fünftens, es wird ein *Schlußsatz* abgeleitet, der *weiter* ist *als die Vordersätze*: eine in den Prämissen enthaltene Beschränkung ist also wegzulassen; etwa:

Die meisten deutschen Aktien haben einen Mittelkurs.
Dies ist eine deutsche Aktie.

Also hat sie einen Mittelkurs,

(der Obersatz hat die *bedingte Aussage* „Die meisten"); oder der *Schlußsatz* ist *zu eng*: er enthält also eine Beschränkung, welche sich in den Prämissen nicht begründet findet; etwa:

Vorräte sind Umlaufvermögen.
Rohstoffe sind Vorräte.

Also sind einige Rohstoffe Umlaufvermögen

(der Vorbehalt „einige" in der Konklusion folgt nicht aus den Prämissen).

2. Hypothetische Schlüsse

(1) Beim *hypothetischen* Schluß ist zumindest der Obersatz ein bedingtes Urteil (wenn-dann-Urteil), das eine allgemeine Regel enthält. Der Untersatz erklärt durch Annahme des einen Teils, daß der andere Teil entweder gesetzt oder aufgehoben werde. Dies geschieht im Schlußsatz. Dieser nimmt dann den nicht angenommenen Teil auf; etwa:

Wenn sich feuchte Luft abkühlt, so kann Regen entstehen.
Jetzt hat sich feuchte Luft abgekühlt.

Also kann jetzt Regen entstehen.

Der erste Teil des Obersatzes (Wenn-Satz) heißt *Vordersatz*, den zweiten Teil des Obersatzes (Dann-Satz) nennt man *Nachsatz*.

(2) Der hypothetische Schluß enthält gleichfalls *drei Hauptbegriffe*. Sie kommen aber meistens schon im Obersatz vor, jedoch so, daß ihre Beziehung nicht bestimmt ausgesprochen ist. Erst der Untersatz spricht dieses Verhältnis aus. Daher ist er in der Regel ein kategorisch-assertorisches Urteil.

Es gibt jedoch auch hypothetische Schlüsse, welche aus *drei hypothetischen Urteilen* bestehen und deswegen auch *rein hypothetische* Schlüsse genannt werden; etwa:

Wenn Gut B Monopolgut wäre, dann wäre sein Preis hoch.
Wenn es keine Substitute hätte, dann wäre sein Preis hoch.

Wenn Gut B keine Substitute hätte, so wäre es Monopolgut.

Der Charakter dieser Art von Schlüssen nähert sich dem der kategorischen. Darum gelten auch die für den kategorischen Syllogismus aufgestellten Regeln.

(3) Vordersatz und Nachsatz des Obersatzes verhalten sich beim hypothetischen Schluß wie Grund und Folge. Daraus läßt sich schon erkennen, daß nicht unbedingt vom Grund auf die Folge und umgekehrt geschlossen werden darf.

Ein solches Verfahren wäre nur in zwei Fällen zulässig. Erstens, aus *einem einzigen Grund* geht nur *eine einzige Folge* hervor. Zweitens, *alle Folgen* des Grundes sind aufgezählt. Richtig schließt man daher von der *Wahrheit* (oder dem Vorhandensein) *des Grundes* auf die *Wahrheit der Folge*, und von der *Falschheit* (oder dem Nichtvorhandensein) *der Folge* auf die *Falschheit des Grundes*. Verkehrt jedoch ist es, von der *Wahrheit* (dem Vorkommen) *der Folge* auf die *Wahrheit des Grundes* zu schließen; etwa:

Taugt der Wirtschaftsminister, so blüht die Wirtschaft.
Nun blüht die Wirtschaft.

Also taugt der Wirtschaftsminister.

Ebenso wäre es verkehrt, von der *Falschheit des Grundes* auf die *Falschheit der Folge* zu schließen; etwa:

Wenn der Ofen geheizt ist, dann ist der Raum warm.
Nun ist der Ofen nicht geheizt.

Also ist der Raum auch nicht warm.

3. Disjunktive Schlüsse

(1) Der *disjunktive* Schluß besteht aus drei Sätzen, von denen wenigstens der Obersatz, eine Regel enthaltend, ein ausschließendes Urteil sein muß; etwa:

Wertpapiere sind entweder Orderpapiere, Namenspapiere oder Inhaberpapiere.
Dieser Wechsel ist ein Orderpapier.

Also ist er weder ein Namenspapier noch ein Inhaberpapier.

Im *Ober*satz werden also einem Subjekt (Wertpapiere) mehrere Prädikate entgegengestellt. Im *Unter*satz wird entschieden, welches oder welche von ihnen dem hier stehenden Subjekt (Wechsel) wirklich zukommen oder abgesprochen werden sollen. Daraus folgt, daß der Untersatz immer einen Teil der im Obersatz enthaltenen Disjunktion (Orderpapier) in sich aufnehmen muß. Der übrige, nicht angenommene Teil (Namenspapier, Inhaberpapier) wird alsdann im Schlußsatz Prädikat.

(2) Definitionsgemäß sind disjunktive Schlüsse solche, in denen aus Vordersätzen geschlossen wird, von denen einer ein disjunktives (ausschließendes) Urteil ist. Je nach der Art der zweiten Prämisse lassen sich *drei Unterarten* erkennen.

(a) Beim *eigentlichen disjunktiven* Schluß trägt die Schlußweise rein disjunktiven Charakter; etwa:

Diese Medizin ist entweder heilsam, oder schädlich, oder indifferent.
Nun ist sie weder heilsam, noch schädlich.
Also ist sie indifferent.

(b) Beim *hypothetisch disjunktiven* Schluß wird aus der bedingten Eigenschaft des Obersatzes geschlossen; der Obersatz ist hierbei ein bedingt ausschließendes (hypothetisch disjunktives) Urteil. Hierzu sei gleich in Abschnitt (3) mehr gesagt.

(c) Beim *kategorisch disjunktiven* Schluß wird aus der bedingungslosen Eigenschaft der Vordersätze geschlossen, von denen die eine Prämisse ein ausschließendes Urteil sein muß; etwa:

Feste, flüssige und gasförmige Körper werden durch Wärme ausgedehnt.
Wasser ist entweder fest, flüssig oder gasförmig.
Also wird Wasser durch Wärme ausgedehnt.

(3) Die *hypothetisch disjunktiven* Schlüsse enthalten eine eigentümliche gemischte Form. Der *Ober*satz dieser Schlüsse stellt im Nachsatz denkbare *Folgen* auf, die sich aus einem gewissen, im Vordersatz genannten *Grunde* ergeben können. Der *Unter*satz *hebt* sämtliche dieser Folgen *auf*. In der Konklusion schreitet man zur Aufhebung des Grundes; etwa:

Wenn Kristalle Organismen sind, dann sind sie entweder Menschen, Tiere oder Pflanzen.
Nun sind sie keines von den dreien.
Also sind sie keine Organismen.

Der Schlußsatz ist in der Regel verneinend. Wenn allerdings der *Grund* im Vordersatz der ersten Prämisse eine *Verneinung* ausspricht, dann wird der Schlußsatz durch *Aufhebung* dieser Verneinung *bejahend*; etwa:

Wenn die bestehende Welt nicht die beste wäre, dann hätte
Gott eine bessere entweder nicht gekannt, oder nicht schaffen wollen oder nicht hervorbringen können.

Diese drei Fälle sind aus Gottes Allwissenheit, Allgüte und
Allmacht ausgeschlossen.

Also ist die bestehende Welt die beste unter allen möglichen

(berühmter Schluß des Mathematikers und Philosophen *Gottfried Wilhelm
Leibniz*, 1646-1716 in seiner „Theodizee"). Man nennt einen derartig ver-
mischten Schluß allgemein einen *lemmatischen* Schluß (Lemma = Annahme).
Nach der Anzahl der Trennungsglieder im Obersatz heißt er *Dilemma, Trilemma*, etc., überhaupt: *Polylemma*.

(4) Lemmatische Schlüsse wurden von jeher zur Begründung scheinbar richtiger Sätze herangezogen. Indessen ist ein solcher Schluß nur dann richtig,
wenn neben der Beachtung der Regeln für den Syllogismus die folgenden
vier Voraussetzungen erfüllt sind.

(a) Erstens muß die Folgerung im Obersatz notwendig aus dem Grund her-
vorgehen; hiergegen etwa das Trilemma:

Wenn eine Krise bevorsteht, so ist entweder die Geldmenge
gestiegen, oder die Sterne stehen schlecht, oder es wird zu-
viel gespart.

Nun ist die Geldmenge konstant, die Sterne stehen günstig
und das Sparen ist gering.

Also steht keine Krise bevor

(die genannten Merkmale im Nebensatz des Obersatzes sind keine notwendigen
Ursachen von Krisen).

(b) Zweitens müssen sich die Trennungsglieder in der ersten Prämisse wirklich und in vollem Umfang gegenseitig ausschließen; hiergegen das Dilemma:

Wenn *Sokrates* gestorben wäre, dann wäre er gestorben
als er noch lebte, oder als er schon tot war.

Beides jedoch ist unmöglich.

Also lebt *Sokrates* noch

(trügerischer Gegensatz der Trennungsglieder im Obersatz).

(c) Drittens muß der Obersatz die sämtlichen aus dem genannten Grunde
möglichen Folgen erschöpfen; hiergegen das Dilemma:

Wenn diese Gesellschaft aufgelöst werden soll, dann
muß dies aufgrund gerichtlicher Entscheidung oder
durch Eröffnung des Konkursverfahrens geschehen.
Nun hat jedoch beides nicht stattgefunden.

Also wird diese Gesellschaft nicht aufgelöst

(im Obersatz *fehlen* die Auflösungsgründe „Fristablauf des Gesellschaftsvertrages" sowie „Beschluß der Gesellschafter").

(d) Viertens muß der Untersatz auch tatsächlich *alle* Trennungsglieder im Obersatz *aufheben*; hiergegen das Dilemma:

Wenn die Bibliothek zu Alexandria nicht verbrannt werden
soll, dann muß sie entweder *Wissenswertes* oder aber *Religiöses* enthalten.
Nun enthält sie entweder *mehr*, als im Koran steht: dann
ist sie verderblich, oder *weniger*: dann ist sie mangelhaft,
oder *dasselbe*: dann ist sie überflüssig.

Also muß die Bibliothek verbrannt werden

(„Wissenswertes" im Obersatz wird im Untersatz dem „Religiösen" = Inhalt des Koran gleichgesetzt; im Untersatz daher keine Negierung des ersten Falles, nämlich „Wissenswertes"). Dieser Schluß heißt auch *Omar-Schluß*, weil der Neffe *Mohameds*, der Kalif *Omar I.*, 586-644, mit dieser Begründung nach der Unterwerfung Ägyptens im Jahre 636 die weltberühmte Bibliothek zu Alexandria in Flammen aufgehen ließ.

(5) Wie leicht lemmatische Schlüsse zu Trugschlüssen benutzt werden können, zeigen die beiden nachstehenden Schlüsse.

(a) Ein Krokodil raubt einer Mutter ihr Kind. Die Echse verspricht, das Kind zurückzugeben, wenn ihr die Mutter *die Wahrheit* sagen werde. Die Mutter geht auf diese Bedingung ein. Sie sagt: „Du wirst mir das Kind nicht wiedergeben." Darauf spricht das Krokodil: „Entweder hast du die Wahrheit gesagt, oder du hast gelogen. Im ersten Falle kann ich dir das Kind nicht herausgeben, weil es dann wahr ist, daß ich dir das Kind nicht zurückgebe. Im zweiten Falle bekommst du das Kind nicht, weil du die Abmachung nicht eingehalten hast, die Wahrheit zu sprechen. Also werde ich das Kind behalten." — Die Mutter entgegnet: „Du mußt mir das Kind auf jeden Fall hergeben. Habe ich die Wahrheit gesprochen, so mußt du es mir aufgrund unserer Übereinkunft geben. Habe ich jedoch gelogen, dann ist das Gegenteil dessen wahr, was ich gesagt habe: nämlich, daß ich es erhalte." — Das Trügerische liegt hier darin, daß sich beide bald auf den Standpunkt des *Vertrags* (die Wahrheit zu sprechen), bald auf den Wortlaut der *Aussage* stellen. In solchen und ähnlichen Fällen spricht man daher von einem *Krokodilschluß*.

(b) Der junge *Euathlos* nimmt bei dem Philosophen *Protagoras*, 485-415 v. Chr. (von ihm stammt der Satz: „Der Mensch ist das Maß aller Dinge") Unterricht in gerichtlicher Beredsamkeit. Sie kommen überein, daß die eine Hälfte des Honorars sofort zu zahlen sei. Die zweite Hälfte sollte dann fällig werden, wenn *Euathlos* seinen ersten Prozeß gewonnen habe. Sollte er allerdings seinen ersten Prozeß verlieren, dann habe er für den Unterricht weiter nichts mehr zu zahlen. – Nach Ende des Kurses führt *Euathlos* jedoch *keinen* Prozeß. Daraufhin verklagt ihn *Protagoras*. Dieser argumentiert: „Entweder werden dich die Richter zur Zahlung verurteilen oder nicht. Im ersten Falle mußt du kraft Urteils zahlen. Im zweiten Falle wird das Resthonorar aufgrund unseres Vertrages fällig. Denn dann hast du deinen ersten Prozeß gewonnen." – Dem erwidert *Euathlos*: „Ich werde in keinem Fall zahlen. Gewinne ich den Prozeß, so spricht mich der Richter von der Zahlungsverpflichtung frei. Erhalte ich jedoch nicht Recht, dann habe ich meinen ersten Prozeß verloren. Gemäß unseres Vertrages bin ich dir dann nichts mehr schuldig". – Krokodilschlüsse sind auch heute noch (besonders in Streitgesprächen) sehr häufig, was man beispielsweise bei Fernsehdiskussionen beobachten kann.

(6) Im gewöhnlichen Gebrauch tritt der Deduktionsschluß in allen seinen Formen häufig in *verkürzter Form* auf. Oft ist nämlich eine der beiden Prämissen weggelassen; etwa: Jeder Mensch stirbt, also auch Aleph. Den fehlenden Untersatz (Aleph ist ein Mensch) muß man sich gleichsam im Sinne behalten (griechisch: enthymeĩthai), um ihn zu ergänzen. Ein Syllogismus mit einer fehlenden Prämisse heißt daher *Entymēm* (verstümmelter Schluß). In dem berühmten Schluß von *René Descartes*: „Ich denke, also bin ich" fehlt der Obersatz, nämlich: „Wer denkt, der ist." – Vielmals wird aber auch nur der Schlußsatz genannt, meist unter passender Hinzufügung des Mittelbegriffes; etwa: Aleph stirbt, weil er ein Mensch ist. In diesem Falle spricht man von einem *zusammengezogenen* Schluß.

II. Induktionsschlüsse

(1) Beim *Induktionsschluß* geht man von Einzelurteilen aus und gelangt durch Überordnung zu einem allgemeinen Urteil; etwa:

> Aleph, Beth, . . . waren Menschen.
> Aleph, Beth, . . . sind gestorben.
> Also sterben alle Menschen.

Die obersätzlichen Einzelurteile sind dabei empirische Befunde und der Induktionsschluß daher immer ein Empirem.

(2) Grundsätzlich hat ein Induktionsschluß bloß Wahrscheinlichkeit für sich, also eine nur *bedingte Gültigkeit*. Je mehr Einzelurteile jedoch gebildet werden, um so sicherer ist er. Indessen, bloß *ein einziger* Fall des Gegenteils, *Instanz* genannt, läßt einen solchen Schluß *nicht* zu – selbst bei noch so vielen Einzelurteilen im Obersatz. Eine einzige Instanz genügt also, um den Induktionsschluß umzustoßen und die Konsequenz zu *falsifizieren*.

(3) Wären alle denkbar möglichen Einzelurteile im Obersatz genannt, dann hätte der Induktionsschluß den Charakter eines Wahrheitsschlusses. Man spricht in diesem Falle von *vollständiger* Induktion. Alle anderen Induktionsschlüsse sind *unvollständige*.

(4) Die Form des Induktionsschlusses ist der *kategorisch disjunktive* Schluß mit *divisivem Untersatz*; vollständig:

$M_1, M_2, M_3, \ldots, M_n$ ist P.
S ist teils M_1, teils M_2, teils M_3, \ldots, teils M_n.
Also ist S auch P;

und als unvollständiger Induktionsschluß:

M_1, M_2 und M_3 sind P.
S ist teils M_1, teils M_2, teils M_3.
Also ist S auch P.

Beide Formen unterscheiden sich nur durch den Obersatz. Im ersten Falle gilt das Prädikat P von *jedem* der Bestandteile des Umfangs von S; folglich gilt es auch vom *ganzen* Umfang. Im zweiten Falle gilt das Prädikat P von *mehreren* (allen bekannten) Bestandteilen des Umfangs von S; folglich gilt es *wahrscheinlich* auch vom ganzen Umfang S.

III. Analogieschlüsse

(1) Beim *Analogieschluß* geschieht das Schlußverfahren nach dem Grundsatz: Wenn zwei (oder mehrere) Dinge in gewisser Beziehung (wesentlich) übereinstimmen, dann stimmen sie auch in den übrigen Beziehungen überein; etwa:

Jeder natürliche Organismus ist (1) aus Teilen zusammengesetzt, (2) welche zur Einheit verbunden sind, (3) indem sie den Zweck des Ganzen dadurch fördern, (4) daß ein jeder einzelne Teil seine besondere Aufgabe erfüllt.

Die menschliche Gesellschaft besitzt unbestritten die genannten vier kennzeichnenden Merkmale.

Wenn daher Organismen eine bestimmte Entwicklung durch gewisse Altersstadien zeigen, dann kommt ein ähnlicher Entwicklungsgang (Jugendzeit, Alter der Reife, Verfall) auch der menschlichen Gesellschaft zu

(vielbeachteter und einflußreicher Analogieschluß des Nationalökonomen *Albert Schäffle*, 1831-1903, der in ähnlicher Form vor allem in der Konjunktur- und Wachstumstheorie vielfach wiederkehrt, sogar mathematisch verkleidet).

(2) Auch der Analogieschluß ist ein *Wahrscheinlichkeitsschluß.* Logisch sicher wäre er nur dann, wenn die beiden verglichenen Dinge *völlig identisch* wären; man spricht dann von *vollständiger* Analogie. Der Schluß ist um so wahrscheinlicher, je größer die Übereinstimmung der beiden Dinge (Organismus; Gesellschaft) in den bereits bekannten Merkmalen ist, und in je wesentlicherem Zusammenhang das neue Merkmal (Entwicklung durch Altersstadien) mit der Gruppe der bereits bekannten Merkmale steht. Immer wird also von einer *teilweisen* Ähnlichkeit auf eine noch *weitergehende* geschlossen.

(3) Was die logische Form des Analogieschlusses anbelangt, so ist sie *kategorisch.* Für die vollständige Analogie gilt:

A ist gleich B.

A ist x.

Also ist B auch x,

wobei x das neue Merkmal bezeichnet. Bei der unvollständigen Analogie steht im Vordersatz statt „gleich" der Begriff *gleichartig.* In beiden Fällen wird vom Besonderen auf ein ähnliches Besondere durch *Nebenordnung* geschlossen.

(4) Die Schlüsse der Induktion und der Analogie *stimmen* darin *überein*, daß sie (a) beide von Bekanntem auf Unbekanntes schließen, (b) beide vom Einzelnen zum Allgemeinen fortschreiten, (c) in beiden daher die allgemeine Regel im Schlußsatz erscheint, (d) ihre Ergebnisse nur in wenigen Fällen die Überzeugung der Gewißheit hervorbringen. – Sie *unterscheiden* sich jedoch in ihrem Schlußverfahren darin, daß (a) die Induktionsschlüsse von Einzelurteilen zum ganzen *Umfang* des Begriffes gelangen wollen, die Analogieschlüsse hingegen von einzelnen Merkmalen zum ganzen *Inhalt*, (b) die Induktion auf die *Einheit in der Vielheit*, die Analogie aber aber auf die *Vielheit in der Einheit* sieht.

IV. Zusammengesetzte Schlüsse; Beweis

(1) Jeder Schluß ist für sich ein vollständiger Denkakt. Zuweilen aber stehen Schlüsse in solcher Verbindung miteinander, daß der eine als Grund oder Folge des anderen erscheint. Aus dieser Beziehung entsteht ein *zusammengesetzter* Schluß (Vielschluß, Schlußreihe).

(2) Leuchten die in den *Prämissen* angegebenen Gründe nicht ein, so muß ein neuer Schluß gebildet werden, der die unbewiesene Prämisse zur Gewißheit erhebt. Das kann sowohl für den *Obersatz* als auch für den *Untersatz* geschehen. Spricht aber der *Schlußsatz* nicht ganz die erwartete Folgerung aus den Prämissen klar und bestimmt aus, dann muß aus ihm noch weiter gefolgert werden.

(a) Gegeben sei der Schluß M P, S M, S P:

> Was den Geist bildet, ist wohltätig.
> Alle Universitäten bilden den Geist.
> Also sind Universitäten wohltätig.

Angenommen, der *Obersatz* ist nicht sofort einleuchtend. Er wird daher durch einen zweiten Schluß der Art N P, M N, M P ergänzt, wobei N der neue Mittelbegriff ist; etwa:

> Was zur menschlichen Selbstverwirklichung beiträgt, ist wohltätig.
> Bildung des Geistes trägt zur Selbstverwirklichung bei.
> Also ist alles, was den Geist bildet, wohltätig.

Auch der *Untersatz* wirke nicht unbedingt überzeugend und werde durch einen Schluß der Art X M, S X, S M verdeutlicht, wobei X der neue Mittelbegriff ist; etwa:

> Jeder Unterricht bildet den Geist.
> Alle Universitäten haben den Zweck des Unterrichtens.
> Also bilden alle Universitäten den Geist.

(b) Im täglichen Leben kommt die zusammengesetzte Schlußform in aller Regel *verkürzt* vor. Man unterscheidet dabei den Kettenschluß und das Epicherem. Beim *Kettenschluß* (Sorites) handelt es sich um einen Vielschluß aus *Entymemen* (fehlenden Prämissen); etwa:

> Alles Gute ist erfreulich.
> Was erfreulich ist, ist schätzenswert.
> Was schätzenswert ist, ist auch rühmlich.

Was rühmlich ist, ist auch lobenswert.
Was lobenswert ist, ist auch tugendhaft.

Was also gut ist, ist tugendhaft

(Sorites bei *Marcus T. Cicero*: Gespräche in Tuskulum, Buch V, Kap. 15, No. 45); allgemein:

$$\frac{S\,M_1,\ M_1\,M_2,\ M_2\,M_3,\ \ldots,\ M_{n-1}\,M_n,\ M_n\,P.}{S\,P.}$$

Beim *Epicherem* wird bei den Prämissen der Grund in einem besonderen Satz beigefügt; etwa:

Jeder Mensch kann im Guten fortschreiten, denn er ist vervollkommnungsfähig.
Alle Studierenden sind Menschen.

Also können Studierende im Guten fortschreiten;

aufgelöst: Alle vervollkommnungsfähigen Wesen können im Guten fortschreiten; Jeder Studierende ist ein vervollkommnungsfähiger Mensch. – Der Grund kann auch im Untersatz oder in beiden Prämissen genannt sein.

(3) Wendet man die Schlußformen an, um die *Wahrheit* eines gegebenen Urteils zu begründen, so entsteht der *Beweis* (Deduktion). Beweisen heißt, die Wahrheit eines Urteils aus bereits festgestellten Gründen dartun; es beruht auf Schließen. Der Beweis stellt meist eine ganze Schlußkette dar. Er macht von den verschiedensten Schlußformen Gebrauch; so gibt es einen Beweis der Induktion, der Deduktion, der Analogie etc. Der Beweis ist *unmittelbar* (direkt), wenn der Beweissatz aus seinen Gründen abgeleitet wird. Er ist *mittelbar* (indirekt), wenn die Wahrheit des Beweissatzes aus der Unmöglichkeit des Gegenteils hervorgeht. – Die Lehre vom Beweis wird in den Fachbüchern der Logik sowie in der juristischen Spezialliteratur ausführlich dargestellt.

(4) Der Beweis unterscheidet sich vom Schluß dadurch, daß seine Sätze *inhaltlich* durchaus *wahr* sein müssen. Beim Schluß wird demgegenüber mehr auf die bloße Begriffsverbindung gesehen. Darum bleibt auch ein falscher Schluß immerhin ein Schluß; ein falscher Beweis hingegen ist *kein* Beweis. Ein Beweis ist mithin stets eine Gedankenreihe aus *wahren* Schlüssen zur Begründung eines Satzes (Urteils).

(5) Zum Inhalt der Beweisführung gehört erstens der zu *beweisende Satz* (Thesis), zweitens die *Beweisgründe* (Argumente) und drittens die in ihnen enthaltene *Beweiskraft*.

(a) Die Thesis ist also der *Schlußsatz*. Seine Wahrheit soll durch Gründe nachgewiesen werden. Weil er ein *abgeleiteter* Satz ist, so muß er sich auf einen anderen (bzw. mehrere andere) stützen. Diese Beweisstützen sind die Argumente. Sie geben entweder *aus sich* unmittelbare Gewißheit, oder sie sind wiederum aus *anderen* Beweisgründen (Hilfsargumenten) *abgeleitet*.

(b) Jeder Beweis muß einen Stützpunkt haben, von welchem seine Gewißheit beginnt. Denn ein endloses Zurückgehen widerspräche der Vernunft und Wirtschaftlichkeit; es wäre eine Behinderung der praktischen Beweisführung. Solche Anhaltspunkte als *letzte Beweisträger* heißen (wie bereits erwähnt) *Prinzipien*; etwa: Der Mensch ist ein vernünftiges Wesen; Jede Größe ist sich selbst gleich.

(6) Quellen der Argumente sind die Vernunft und die Erfahrung. *Vernunftgründe* sind solche, die letztlich vermöge der *Denkgesetze* (im anschließenden Abschnitt vorgestellt) gewiß sind. *Erfahrungsgründe* sind solche, die bloß aus der *Wahrnehmung* entspringen. Nach den Quellen der Beweisgründe heißen die Beweise selbst auch *Vernunftbeweise* und *Erfahrungsbeweise*. In den meisten Fällen ist derjenige Beweis am überzeugendsten, der seine Gründe aus *beiden* Quellen bezieht; etwa: Schlechter Umgang verdirbt den Menschen (*Thesis*). *Vernunft*argument: Natur des menschlichen Wesens, Nachahmungstrieb etc. *Erfahrungs*argument: ständige Wahrnehmung, Lebensläufe Straffälliger etc.

(7) Die *Erfahrung* beruht auf Anschauungen und Wahrnehmungen. Sie kann *unmittelbar oder mittelbar, genau* oder *oberflächlich*, von kleinerem oder größerem *Umfang* sein. Als *Eigen*erfahrung beruht sie entweder auf *innerer* (auf sich selbst gerichteter) bzw. *äußerer* (auf die Natur oder Menschen gerichteter) *Beobachtung* oder auf *Versuchen*. *Fremde* Erfahrung stützt sich in jedem Fall auf Zeugnisse. Die Zeugen sind entweder *unmittelbare* (Augenzeugen, Ohrenzeugen) oder *mittelbare* („Hörensagen"). Die Zeugnisse sind *mündlich* oder *schriftlich*.

Übersicht 3

Übersicht der vorgestellten Schlußarten

Deduktionsschluß (Syllogismus) = Schluß vom Allgemeinen auf das Besondere durch Unterordnung

kategorisch	*hypothetisch*	*disjunktiv*		
		rein disjunktiv	hypothetisch-disjunktiv	kategorisch-disjunktiv
Eine Aussage gilt von allem (keinem), also gilt sie (nicht) von mehreren und einzelnen.	Wenn A ist, (nicht ist), dann ist auch B (nicht).	A ist entweder x, y oder z. Nun ist A weder x noch y. Also ist es z.	Wenn A ein X wäre, dann wegen a oder b. Nun ist aber weder a noch b gegeben. Also ist A kein X.	Auf A, B und C wirkt x ein. D ist entweder A, B oder C. Also wirkt x auch auf D ein.

Induktionsschluß = Schluß vom Einzelnen zum Allgemeinen durch Überordnung.

Analogieschluß = Schluß von einem besonderen Falle auf einen anderen besonderen Fall durch Nebenordnung.

Zusammengesetzter Schluß = Schlüsse stehen derart in Verbindung miteinander, daß der eine als Grund oder als Folge des anderen erscheint.

D. Denkgesetze

(1) Denkgesetze beschreiben die stets gleichbleibenden Formen, in denen sich menschliches Denken vollzieht. Sie sind näherhin *apodiktische* (unmittelbar gewisse) *Urteile*, deren Gegenstand *Beziehungen* der Unmöglichkeit und Notwendigkeit *zwischen Urteilen* selbst sind. Mit den Naturgesetzen teilen sie die *Gleichmäßigkeit des Geschehens*; es wohnt ihnen also eine *Notwendigkeit* bei. Indessen, die Menschen sind durch Gefühle, Vorurteile und Wollensrichtungen vielfach in ihrem Denken beeinflußt. Zudem bilden sie aus Nachlässigkeit, Dummheit und Selbstüberschätzung falsche Begriffe, Urteile und Schlüsse. Deshalb ist es notwendig, die Denkgesetze durch logische Übung bewußt zu machen und einzuschärfen.

(2) Man unterscheidet vier solcher obersten Gesetze oder *Grundsätze*, an die unser Denken gebunden ist. Erstens: das Gesetz der Übereinstimmung, zweitens: das Gesetz des Widerspruchs, drittens: das Gesetz des ausgeschlossenen Dritten und viertens: das Gesetz vom zureichenden Grunde. Oft werden die vier Denkgesetze auch als Axiome bezeichnet. *Axiom* heißt ein unmittelbar einleuchtendes Urteil, dem unbedingte Gültigkeit zukommt und das die Grundlage einer Wissenschaft, deren *Prinzipien*, bildet.

I. Gesetz der Übereinstimmung

Das *Gesetz der Übereinstimmung* (Identität, durchgängigen Gleichheit) lautet in Übersichtsform: N ist N. Von jedem Begriff kann man ihn selbst als Prädikat aussagen; etwa: ein Kreis ist ein Kreis, 4 ist 4. Es will besagen, daß mit *flüssigen* Begriffen kein *folgerichtiges Denkresultat* zu erzielen ist, so wenig wie mit flüssigen Zahlen ein richtiges Rechenergebnis. Die *Festigkeit der Vorstellungsinhalte* von Begriffen ist die Vorbedingung allen strengen Denkens.

(a) Das entsprechende mathematische Axiom lautet: jede Größe ist sich selbst gleich. Ein genaues Rechnen gibt es bloß dann, wenn der in einem Rechenvorgang für eine Zahlengröße eingesetzte Wert beibehalten wird. Ein zum Ziel führendes Denken gibt es nur, wenn der Begriff N mit der ihm gegebenen Definition bleibt. Es ist schon von jeher ein beliebter Trick, Begriffe trügerisch zu vertauschen. Damit wird dann jedes logisch richtige Erörtern aussichtslos.

(b) Von der *logischen* Übereinstimmung zu unterscheiden sind *sprachliche* Redewendungen nach der Formel N ist N; etwa: Krieg ist Krieg. Hier stehen Subjekt und Prädikat *nicht* im Verhältnis der Identität. Krieg im Subjekt meint den Krieg als staatsrechtlichen Zustand. Das Prädikat bezeichnet Krieg als Folgen militärischer Auseinandersetzungen.

II. Gesetz des Widerspruchs

Das *Gesetz des Widerspruchs* besagt, daß etwas nicht zugleich sein und nicht sein kann. Von zwei Urteilen, die im kontradiktorischen Gegensatz stehen, wie: M *ist* N und M ist *nicht* N, muß eines falsch sein. Dieser Satz ist unmittelbar einsichtig. Er ist mit dem Wesen des Urteils und dem Sinn der Verneinung gegeben. Denn das Urteil bestimmt man als Ineinssetzung, die Verneinung aber als das Verbot der Ineinssetzung. Man kann aber nicht eine Ineinssetzung vollziehen und gleichzeitig den Vollzug der Ineinssetzung verbieten.

(a) Das Gesetz des Widerspruchs spielt im täglichen Leben eine genau so große Rolle wie in der Wissenschaft. Ein Beschuldigter oder ein Zeuge, dem in seinen Aussagen Widersprüche nachgewiesen werden, büßt an Glaubwürdigkeit ein. Im politischen Alltag wird jene Partei unglaubwürdig, deren Grundsätze mit der Anwendung auf einzelne Bereiche nicht übereinstimmen. In der Wissenschaft ist es geradezu Absicht, *Widersprüche* in einer Lehre *ans Licht zu ziehen*. Daraus wird nämlich die Notwendigkeit einer neuen Lösung der betreffenden Fragen begründet. Solche *wissenschaftliche Kritik* dient vor allem in den Sozialwissenschaften dem Erkenntnisfortschritt und schützt vor *Ideologien* (wirklichkeitsfremde Lehrgebäude, meist zur Verhüllung von Interessen und Tendenzen). Mißtrauen ist gegenüber einer jeden Lehre angebracht, die sich solcher Kritik nicht stellen möchte oder sie gar untersagt.

(b) Im „Hexen-Einmal-Eins" seines Werkes „Faust. Der Tragödie erster Teil" hat *Johann Wolfgang Goethe* Sätze zusammengestellt, die Schläge in das Gesicht des Widerspruchprinzips sind. Er will damit sagen, daß der Mensch der Narrheit, dem rohesten Aberglauben, dem frechesten Betrug rettungslos preisgegeben wäre, wenn er sein Denken nicht mehr unter dieses Gesetz beugen wollte oder könnte. – *Widerspruch im Beiwort* (CONTRADICTIO IN ADJECTO) wurde bereits bei der Begriffslehre erörtert. Im beigefügten Begriff liegt hier ein Widerspruch (eine Kontradiktion) zum Hauptbegriff; etwa: ein öffentliches Geheimnis; der Verbrauch des Sparens.

III. Gesetz vom ausgeschlossenen Dritten

Das *Gesetz vom ausgeschlossenen Dritten* besagt: zwischen widersprechenden Dingen gibt es kein Mittleres; N *ist* entweder M, oder es ist *nicht* M. Von zwei Urteilen, deren eines bejaht, was das andere verneint, muß *eines* wahr sein. Jede richtig gestellte Entscheidungsfrage kann also mit „ja" oder mit „nein" beantwortet werden, und *eine* Antwort muß die richtige sein.

(a) Die Mathematik benutzt dieses Gesetz beim mittelbaren Beweis, wo es gilt, Größen zu bestimmen. Eine Zahl ist entweder gerade oder ungerade, eine

Linie gerade oder krumm, ein Dreieckswinkel ein rechter oder keiner (ein spitzer oder stumpfer). Auch im wirtschaftswissenschaftlichen Denken bildet das Gesetz vom ausgeschlossenen Dritten die Grundlage vieler einzelner Schlußverfahren; etwa: Periodenabgrenzung und Kontenzuerkennung im Rechnungswesen.

(b) Häufigster Einwand gegen das Gesetz vom ausgeschlossenen Dritten ist, daß es oft *Mitteldinge* gäbe. Wenn man sagt: Der Baum ist kahl oder nicht kahl, so kann derselbe Baum im Winter kahl, im Sommer dagegen belaubt sein. Die Aussage: Aleph ist entweder gesund oder nicht gesund, vergißt offenkundig, daß derselbe Mensch krank am Körper, aber gesund am Geist sein kann. Diese Einwände werden hinfällig, wenn man das Gesetz des ausgeschlossenen Dritten schärfer faßt. *Aristoteles* (Metaphysik, Buch IV, Kap. 3, No. 1005 b) sagt: „Es ist unmöglich, daß dasselbe demselben in derselben Beziehung zugleich zukomme oder nicht zukomme." Dieses *zugleich* und *in derselben Beziehung* wurde in den als Einwänden gemeinten Beispielen nicht beachtet.

(c) Der Mond geht auf. Die obere Hälfte der Scheibe ragt über die Horizontlinie hervor. Nun sagt Aleph: Der Mond ist aufgegangen. Beth widerspricht: Der Mond ist noch nicht aufgegangen. Wer hat recht? Der Schein, daß *beide* recht haben und es daher zu keiner Entscheidung kommen könne, trügt. Es bedarf nämlich nur der genauen Definition des Begriffes „Aufgegangen". Dann gilt *ein* Urteil zurecht und das andere nicht. Solche scheinbaren Widersprüche gegen das Gesetz vom ausgeschlossenen Dritten entstehen auch in den Wirtschaftswissenschaften häufig. Sie zeigen immer an, daß die benutzten *Begriffe nicht eindeutig definiert* wurden.

(d) Jede richtig, nämlich *sinnvoll gestellte* Alternativfrage kann mit „ja" oder „nein" beantwortet werden. Man darf also nicht abwegige Entscheidungsfragen stellen; etwa: Ist der Diebstahl rot oder nicht rot? Haben Wirtschaftseinheiten gespart? Im letzten Begriff geschieht eine Zusammenfassung *dreier* Fragen, die verschiedene Antworten heischen; denn der Begriff „Wirtschaftseinheiten" bezieht sich als Oberbegriff auf Haushalte, Unternehmen und den Staat; ähnlich etwa: Ist das Fluß- und Meerwasser gesalzen? Hast du deine Hörner und Fehler abgelegt?

IV. Gesetz des zureichenden Grundes

Das *Gesetz des zureichenden Grundes* besagt, daß *ohne Grund* nichts behauptet werden kann (und darf). Jedes Urteil hat bloß in einem zureichenden Grunde seine Gültigkeit. Ein Urteil muß immer eine denknotwendige Folge (Folgerung) aus dem Grund seiner Voraussetzung sein. Nie darf man ein Urteil in die leere Luft hineinstellen. Vielmehr muß man sich selbst und anderen in jedem Falle über das Warum, über den Grund der Aussage, Rechenschaft geben. Jeder muß auf die Frage, warum er ein Urteil gibt, dieses zu rechtfertigen wissen. Dagegen verstoßen Verrückte, Berauschte, gedankenlos ins Blaue Schwatzende und Ideologen aller Schattierungen; *Ideologen* verstanden als parteiische, in wirklichkeitsfremde und in aller Regel fernliegende Ziele verrannte Wolkenschieber.

(a) *Grund – Folge* bezeichnet also die *logische Beziehung.* Es drückt eine *Denkrelation* aus. Der zwingende Gedankenzusammenhang zwischen Grund und Folge wird *logischer Zusammenhang* oder *Konsequenz* genannt. – Davon ist zunächst *Ursache – Wirkung* zu unterscheiden. Hier handelt es sich um eine *Sachrelation*, um Zusammenhänge der Wirklichkeit. Wird das Gesetz des zureichenden Grundes auf den objektiven Zusammenhang der realen Vorgänge und Dinge untereinander bezogen, so bedeutet es: Ohne voraufgegangene *Ursache* keine *Wirkung*; alles Sein und Geschehen muß eine Ursache haben. Der Satz vom zureichenden Grunde stellt demnach den *ursächlichen Zusammenhang der Wirklichkeit* her. Er wird in der Anwendung auf die äußere Welt *Kausalitätsgesetz* genannt. – Endlich ist auch *Motiv – Handlung* eine davon abweichende Relation. Sie hat *subjektiven Bezug.* Es wird dabei über das *Innenleben* von Menschen etwas ausgesagt. – Der tägliche Sprachgebrauch freilich nimmt solche Unterschiedlichkeit oft nicht wahr. Um so wichtiger ist es daher, bei vorgefundenen Beziehungsangaben genau zu prüfen, welche der drei Arten gemeint ist; ob es sich also um eine *Denkrelation*, um eine *Sachrelation* oder um eine *subjektive Relation* handelt.

(b) Gedankenwelt und Wirklichkeit stehen jedoch in Zusammenhang. Daher kann es vorkommen, daß die Beziehungspunkte eines Relationsurteils nach Grund und Folge (*Denkrelation*) mit denen eines Urteils nach Ursache und Wirkung (*Sachrelation*) zusammenfallen. Aber bei Grund – Folge handelt es sich stets um ein *notwendiges* (apodiktisches) Urteil, bei Ursache – Wirkung um ein *mögliches* (problematisches), allenfalls um ein *wirkliches* (assertorisches) Urteil, immer also um ein *wahrscheinliches* Urteil.

ZWEITER TEIL

Sachurteile, Werturteile und Normen

(1) Das singuläre kategorische (einzelne bejahende) Urteil: „Dieser Baum ist dick" stellt im Prädikatsbegriff (P = dick) dem Subjektsbegriff (S = Baum) eines seiner Merkmale (Umfang des Stammes) gegenüber. *Aussagemäßig* handelt es sich um eine *Feststellung* (Konstatierung). Urteile, die im P bekunden, wie das S beschaffen ist, nennt man *Sachurteile*. Sie beschreiben mithin das S im P so, wie es sich gegenständlich, tatsächlich zeigt: wie es *objektiv* ist.

(2) Das singuläre kategorische Urteil: „Dieser Baum ist schön" hat das gleiche formallogische Gefüge. S, P und die Kopula (ist) entsprechen sich. Die Aussage stimmt auch in der sprachlichen Form mit dem Sachurteil (Dieser Baum ist dick) überein. *Aussagemäßig* handelt es sich hingegen um eine *persönliche Einschätzung* (Valuierung, Wertung). Urteile, die im P eine Stellungnahme des Urteilenden zum S darlegen, heißen *Werturteile*. Sie kennzeichnen demnach das S im P so, wie es sich in den Augen des Betrachters zeigt, wie er es bewertend deutet: wie er es *subjektiv* sieht. In dem Urteil und durch das Urteil wird also die Ansicht des Urteilenden abgegeben. Sein Standpunkt drückt sich darin und dadurch aus.

(a) Ganz wie Sachurteile, so können auch Werturteile in jeder der im Abschnitt über Urteile dargestellten Art und Weise auftreten. Ebenso vermögen Werturteile in *allen vier* grammatikalischen Aussageweisen der Zeitwörter (*Modi*) ausgedrückt zu werden; etwa: Aleph ist ein Schuft (Indikativ, Anzeigeweise), Aleph wäre ein Schuft, wenn ... (Konjunktiv, Bedingweise), Könnte man Aleph doch aufhängen (Optativ, Wunschweise) und Hängt Aleph auf! (Imperativ, Befehlsweise).

(b) Natürlich *muß* das Urteil *nicht in Satzform* gefaßt sein. Bloße Worte wie „Schuft", „Aufhängen" sind erkennbar Werturteile. — Auch ist es nicht erforderlich, daß der Urteilende selbst die *Absicht* hat, eine Valuierung abzugeben. Werturteile können auch (gedankenlos) nachgesprochen, ja gar zum festen Sprachbestandteil innert einer Gesellschaft werden; etwa: Werbung macht dumm; die Piefkes.

Übersicht 4

Urteil = Zuerkennung eines P zu einem S; einem Gegenstand (Objekt) werden Merkmale zugeschrieben.

Sachurteil: Aussage beschreibt das S im P so, wie es tatsächlich beschaffen ist; eine *Feststellung* (Konstatierung); etwa: Dieser Baum ist dick.

Werturteil: Aussage kennzeichnet das S im P so, wie es sich nach Ansicht des Urteilenden zeigt; eine *Einschätzung* (Wertung, Valuierung); etwa: Dieser Baum ist schön.

A. Abgrenzung

(1) Werturteile sind im Alltag von Sachurteilen meist nur schwer abzugrenzen. Denn alle Urteile (als Aussagen über das logische Verhältnis zweier Begriffe) sind ja reine Denkakte. Sie finden als psychischer Vorgang statt, als ein *inneres Geschehen*. Sichtbar, wahrnehmbar wird ein Urteil erst dann, wenn es in einen Satz gefaßt wird: wenn es sich *veräußerlicht*. Also muß man in jedem Falle *über den Satz* (eigentlich: über das Äußere; außer dem Satz in einigen Fällen auch Mienenspiel und Gebärden) auf das dahinterliegende Denken *schließen*. Nun böte zwar die Sprache aufgrund ihrer Beschaffenheit durchaus die Möglichkeit, das Denken genau abzubilden. Allein, ungenügendes Können und mangelndes Wollen des Urteilenden bewirken häufig, daß das hinter dem Satz stehende Urteil undeutlich bleibt.

(a) Was hier zunächst das *Vermögen* anbelangt, so sind nur wenige Menschen fähig, die in der Sprache vorhandenen Mittel so zu benutzen, daß ihre Gedanken (Begriffe, Urteile, Schlüsse) leicht begreiflich und eindeutig zum Ausdruck kommen. Das können selbst Sprachforscher meistens nicht, wie ihre Lehrbücher zeigen. – Mit voller *Absicht* verkleiden vor allem Ideologen ihre Werturteile. Sie drücken sie sprachlich so aus, daß sie als Sachurteile erscheinen; sie verhehlen die Valuierung. Man spricht diesfalls von *versteckten* Werturteilen; etwa: Die Erhöhung der Gewerbesteuer wird zu Konkursen führen. Der Urteilende kleidet hierbei seine Meinung, daß er die Anhebung der Steuer für ungerechtfertigt hält, in ein Sachurteil ein.

(b) Werturteile in der Form von *Erfahrungs*urteilen erkennt man am raschesten (aber nicht immer!) dann, wenn das in ihnen enthaltene Urteil in ein kontradiktorisches umgeformt wird. „Dieser Baum ist schön" läßt sich leicht in sein Gegenteil: „Dieser Baum ist häßlich" bringen. Es ist nun einsichtig, daß jedes der beiden (sich widersprechenden) Urteile von verschiedenen Urteilenden so ausgesagt werden könnte. Bei dem Satz „Dieser Baum ist dick" wäre die gegenteilige Aussage: „Dieser Baum ist dünn" angesichts des vor den Augen stehenden Baumes sogleich als sachlich falsch erkennbar.

(c) Die *geschriebene* Sprache vermag die *gesprochene* Sprache nicht in allem wiederzugeben. Der geschriebene Satz: „Aleph ist dick" läßt offen, ob ein Sachurteil oder ein Werturteil gemeint ist. Betont jedoch der Urteilende das P entsprechend („di-i-ck!"), so ist aus der Rede eine Valuierung klar erkennbar.

(d) Aus dem Gesagten ergibt sich, daß ein und derselbe Satz *sowohl* als Werturteil *als auch* als Sachurteil gemeint sein kann; etwa: Das Prokopfeinkommen ist zu niedrig; Seefahrt tut Not. Bloß aus fachwissenschaftlicher Erkenntnis könnte in beiden Beispielen entschieden werden, welcherart Aussage hier vorliegt. Auch die Kontradiktion trägt bei solchen *Vernunft*urteilen wenig zur Unterscheidung bei. – Ein verstecktes Werturteil kann auch darin liegen, daß (einseitig) Valuierungen bekanntgemacht werden; etwa: Jedermann hält Werbung für verdummend; Alle sagen, daß Aleph ein Schuft sei.

(2) Das unterscheidende Merkmal zwischen Sachurteilen und Werturteilen liegt einzig im Sachverhalt der Valuierung. Es liegt *nicht* in der *Beweisbarkeit*, genauer: nicht im Grade der Beweiskraft der Argumente! Der Satz: „Flüssige Zahlen sind schlimm" ist eindeutig ein Werturteil. Das P (schlimm) drückt die persönliche Meinung des Urteilenden zum S (flüssige Zahlen) aus. Jedoch ist das Urteil sachlich aus dem Axiom „N ist N" (Gesetz der Identität) als unmittelbar gewiß zu beweisen. Das Urteil: „Die Erhöhung des Diskontsatzes bremst die Inflation" ist ein Sachurteil. In ihm findet sich die *logische* Relation Grund – Folge mit der sachlichen, *inhaltlichen* Beziehung Ursache – Wirkung gleichgesetzt. Zur vollen Gewißheit läßt sich die Thesis (Inflationsbekämpfung) aber nicht erheben. Denn man weiß aus dem Wirtschaftsablauf vergangener Jahre, daß steigende Zinsen auch sehr rasch auf die Kosten „durchschlagen" können. In der Folge beschleunigt sich dann gar die Inflation.

(a) Gleichfalls *nicht* Unterscheidungsmerkmal zwischen Sachurteilen und Werturteilen ist die *Kopula*. Denn *beide* Urteilsformen können sowohl das Verbindungswort „ist" als auch „soll" enthalten, soweit das Urteil entsprechende Satzform hat; etwa: Aleph *ist* ein Schuft (Werturteil); Aleph *soll* morgen zum Arzt (Sachurteil).

(b) Wie bei den Sachurteilen, so gibt es auch innert der Gruppe der Werturteile Sätze mit *unterschiedlicher Beweisbarkeit*. Der Satz: „Zu langes Sonnenbestrahlen des ungeschützten Körpers ist eine Torheit" läßt sich aus Sachgründen und aus der Erfahrung leicht beweisen, und zwar mit sehr hoher Beweiskraft. Hingegen ist das Urteil: „Unternehmen sollen von Astrologen geleitet werden" nur schwer mit Argumenten zu stützen, und diesen kommt am Ende bloß geringe Beweiskraft zu.

(3) Stets sagen Sachurteile über die *Beschaffenheit* der Wirklichkeit aus. Demgegenüber beziehen sich Werturteile immer auf eine erstrebte *Gestaltung* der Dinge, auf *Gesolltes*. Wer einen Satz als Werturteil (Unternehmen sollen von Astrologen geleitet werden) ausdrückt, will damit in der Regel dreierlei erreichen (Zweckkriterien). Erstens: der jeweils bezeichnete *Sachverhalt* soll *empfehlend* oder ablehnend für das Handeln vorgestellt werden (Ein gutes Betriebsergebnis erreichen bloß Astrologen). Zweitens: der Urteilende unterstellt dabei einen *Verhaltensgrundsatz*, den er als von allen anerkennbar und deshalb als *allgemein gültig* kennzeichnet (Der Sternhimmel bestimmt den betrieblichen Ablauf). Drittens: er gibt der Erwartung Ausdruck, daß sich die *Empfänger des Urteils* im Sinne der empfohlenen Handlungsweise *verhalten* (Man berufe nur Astrologen in den Vorstand).

(4) Im allgemeinen sind logische Grund-Folge-Sätze als *sachliche Zielentscheidungen* keine Werturteile. Sie geben Urteile darüber ab, wie irgend ein Ziel nach Maßgabe des Kenntnisstandes einer Wissenschaft am günstigsten erreicht werden könnte; etwa: Zur Leitung eines Betriebes sollte man nur betriebswirtschaftlich gebildete Fachkräfte einsetzen; Es ist töricht, einen Betrieb von Astrologen führen zu lassen. Sie enthalten bloße Empfehlungen und sind bejahende oder verneinende hypothetische Urteile (wenn-dann-Urteile) über Ursache und Wirkung. Man nennt sie manchmal auch *Finalrelationen*.

(5) Freilich liegt in dem bloßen fachwissenschaftlichen Untersuchen der zu einem Ziel (etwa: jüdische Mitbürger auszurotten) am günstigsten führenden Verfahren (etwa: Bau von Gaskammern, Aufstellen von Transportplänen) ersichtlich eine ganze Masse von Werturteilen. Das Für und Wider der *Ziele und Mittel* muß in jedem Falle *beurteilt* werden. Das ist Aufgabe der *Ethik* (Sittenlehre). Sie ist die Wissenschaft von der Aufzeigung und Begründung von Grundsätzen des Handelns.

(6) Die jeweilige Richtschnur für das Tun-Sollen nennt man *Norm* (Vorschrift, Regel). Quelle der ethischen Erkenntnis ist die *Vernunft*. Leitet man Normen aus dem *religiösen Glauben* ab, so spricht man von *Moral* (theologie). Entsprechend unterscheidet man in der deutschen wissenschaftlichen Sprache zwischen ,,ethisch" und ,,moralisch". Der Begriff ,,sittlich" gilt weithin (aber nicht überall) als *Oberbegriff* zu ,,ethisch" (Vernunfterkenntnis) und ,,moralisch" (Glaubensbelehrung). – Normen finden sich meistens als Vorschrift des Handelns in Form eines *Werturteils* ausgedrückt; etwa: Man soll Bilanzen nicht fälschen; Wirtschaftliche Verschwendung ist zu vermeiden.

B. Quelle von Werturteilen

(1) Werturteile lassen sich nach ihrer *Begründung durch den Urteilenden* selbst in drei Gruppen einteilen. Erstens: *transzendente* (religiöse) Werturteile. Sie begründen eine Aussage aus dem Glauben; etwa: Oh ihr Gläubigen! Der Wein, das Spiel, die Bilder und das Loswerfen sind verabscheuungswürdig und ein Werk des Satans; meidet sie, auf daß es euch wohl ergehe (Koran, 5. Sure, Vers 91). Transzendente Werturteile stellen mithin *moralische* (im Gegensatz zu ethischen) Handlungsanweisungen dar. – Zweitens: *stereotype* (ideologische) Valuierungen. Sie stellen Äußerungen entweder aus Mangel an zureichender Kenntnis, oder aus völliger Unkenntnis des Gegenstandes, oder aber aus Eigeninteresse dar; etwa: Aktien sollen besteuert werden; Aktien sollte man kaufen können; Professoren sollten mehr verdienen. – Drittens: *ontologische* (seinsmäßige) Werturteile. Sie schließen nach den *Regeln der Ethik* ein Urteil aus der Sinnerkenntnis. Vorausgesetzt ist, daß ein Sein (die Wirtschaft) an sich ein Ziel (knappe Güter bereitzustellen) hat. Aus diesem sind Werturteile (als Normen) ableitbar; etwa: Jede Verschwendung volkswirtschaftlicher Faktoren (Arbeit, Boden und Kapital) ist zu vermeiden.

(2) Es besteht heute in den Sozialwissenschaften allseitige Übereinstimmung darin, daß transzendente und stereotype Werturteile in jedem Falle zu vermeiden sind. *Ontologische* Werturteile werden dann *anerkannt*, wenn sie allgemein einsichtig abgeleitet sind. Dies zu tun ist eine Aufgabe der *Sozialethik*. Freilich folgt aus der wissenschaftlichen Begründung ontologischer Werturteile noch nicht, daß sie auch *verwirklicht* werden. Es bedarf dazu vielmehr des gewollten, einsichtsvollen (die Norm als Richtmaß zugrundelegenden) Handelns, also einer willentlich *bewußten Gestaltung* der Realität.

Übersicht 5a

Begründung von Werturteilen		
Werturteil = Aussage, die das S im P so beschreibt, wie es sein soll; eine Einschätzung (Wertung) wird vorgenommen. Diese Valuierung erfolgt aufgrund von:		
religiösen Überzeugungen	*Vorurteilen, Unkenntnis*	*Einsicht in den Sinnzusammenhang*
transzendentes (religiöses).	ideologisches (vorurteilsgebundenes).	ontologisches (seinsmäßiges).

(3) Werturteile lassen sich außer nach dem Merkmal ihrer Herkunft (Begründung der Valuierung durch den Urteilenden) auch noch nach vielen anderen Gesichtspunkten betrachten. Erstens: ob sie *miteinander vereinbar* sind (Aleph ist ein Schuft; Aleph ist ein Ehrenmann); dies ist Sache der Logik. – Zweitens: welchen *Einfluß* sie auf die *Wirklichkeit* haben (Werbung verdummt); dies ist Aufgabe der Soziologie. – Drittens: ob sie *unterschiedliche Grade der Beweisbarkeit* erkennen lassen (Bilanzfälschung ist schlecht; Nur Astrologen als Betriebsleiter!); dies ist Obliegenheit der jeweils zuständigen Wissenschaft (im Beispiel der Betriebswirtschaftslehre). – Viertens: ob sie einem *geschichtlichen Zeitraum* Gültigkeit hatten (Führer befiehl, wir folgen dir!); dies ist Angelegenheit der Geschichte. – Fünftens: ob sie im *Interesse* bestimmter Gruppen stehen (Professoren sollen höher bezahlt werden); dies ist Sache der Politologie. – Viele weitere Gesichtspunkte ergeben sich aus Einteilung und Untereinteilung der fünf genannten Kriterien.

C. Sozialwissenschaftliche Normen

(1) Aus der wissenschaftlichen Ethik begründete ontologische Werturteile werden zu *Heischsätzen*, zu verbindlichen, für das Handeln *zielweisenden Richtlinien*. Wie bereits dargelegt, nennt man solche Sollenssätze auch Normen. *Normen* sind mithin einsichtig begründete Forderungssätze. Sie geben Handlungsziele an. Darüber hinaus zeigen sie häufig auch Anweisungen bezüglich der *zielführenden Mittel* auf. Solche Gebote können auch als unmittelbar oder mittelbar verneinende Urteile (Verbote) gegeben werden; etwa: Bilanzfälschung ist untersagt; Bilanzfälschung muß bestraft werden.

Übersicht 5 b

Sozialwissenschaftliche Normen

sind ontologische (seinsmäßige) Werturteile, die aus der Ethik abgeleitet wurden. Sie sind *Heischsätze*, nämlich für das Tun und Lassen verbindliche Richtlinien. Solche Sollenssätze benennen die Handlungs*ziele*. Sie geben darüber hinaus auch Anweisungen (Gebote, Verbote) hinsichtlich des Einsatzes zielentsprechender *Mittel*.

---

(2) Die Sozialwissenschaften (und die Ökonomik als deren Teildisziplin) haben es sowohl mit dem *Einzelmenschen* (Person) als auch mit der Gesell-

schaft zu tun. *Gesellschaft* (das Soziale) ist eine sich gegenseitig beeinflussende Mehrheit von (mindestens zwei) Personen. Mithin müssen *sowohl* personenbezogene Normen *als auch* gesellschaftsbezogene Normen hergeleitet werden, um sozialwissenschaftliche Ziele ausreichend zu bestimmen.

(a) Es wurde und wird behauptet, Sollenssätze seien *nicht erkennbar*. Begründet wird ein solches Urteil aus zwei verschiedenen Argumenten. Erstens: die gesuchten Normen *gäbe es gar nicht*. – Wäre diese Behauptung richtig, dann könnte zwischen gut und bös nicht dauerhaft entschieden werden. Es wäre etwa Mord heute erlaubt und empfohlen, morgen jedoch verboten und verpönt. Dieser Standpunkt öffnete der Willkür der jeweils Mächtigen Tür und Tor. Praktisch verwirklicht, ließe er überhaupt keine Ordnung in irgend einem gesellschaftlichen Gebilde zu, selbst nicht innert einer Räuberbande. Er hat schon von daher eine geringe Beweiskraft.

(b) Der zweite Einwand lautet, sehr wohl gäbe es solche Normen. Jedoch seien sie dem menschlichen *Erkenntnisvermögen entzogen*. Diese (vor allem von theologischen Richtungen in allen Religionen vertretene) Meinung behauptet, nur Gott könne den Menschen die zielweisenden Richtlinien des Handelns mitteilen. Sie müssen im *Glauben* angenommen werden (*Fideismus*). – Überhaupt nicht einsichtig ist hierbei, warum das *Sein* (das Tatbestandliche, die Wirklichkeit) mit der Vernunft erfaßbar, das *Sollen* aber *nicht* erkennbar sein sollte. Die zur Stützung des Beweisgangs herangezogene extreme Erbsündenlehre widerlegt diesen Einwand auch nicht.

(c) Noch einen andersgearteten Einwurf gilt es zu bedenken. Er rügt die eben stillschweigend eingeführte Unterscheidung der Ethik in eine *Individual*ethik und in eine *Sozial*ethik. Letztlich könne doch immer *nur der Einzelmensch* Träger von Wertentscheidungen sein. Also sei die Sozialethik nicht möglich. – Der Einteilungsgrund bei der Division der Ethik liegt jedoch gar *nicht* beim Handlungsträger (hie: der Einzelne, da: das Sozialgebilde). Vielmehr werden in der Sozialethik Sollenssätze *für den Einzelnen* aus der jeweils besonders geprägten *Art der gesellschaftlichen Verbundenheit* der Menschen abgeleitet. Zweifelsohne ist aber eine so verstandene Sozialethik sinnvoll und notwendig.

(3) Ausgangspunkt aller Ethik ist das Sein. *Sein* (als Hauptwort) bezeichnet dabei jedes irgendwie gegenwärtige Anwesende (als allgemeinster Begriff eines Etwas, einer Washeit); im folgenden vor allem Dinge aus der unmittelbaren, der Erfahrung zugänglichen sozialen Wirklichkeit. Jedes Sein jedoch hat seine es *kennzeichnende Eigenart*; zu ihm gehört eine nur ihm *eigentümliche Natur*; es besitzt ein bloß ihm zugehöriges, so und nicht anders geartetes Ziel: es *strebt*, seiner jeweiligen Eigen=Art und Beschaffenheit gemäß, auf ein *Ergebnis*. Das Ziel der Uhr ist es, die Zeit anzuzeigen; Ziel des Wirtschaftens, Güter bereitzustellen. Nie und nirgends hat ein Ding ein Ziel, das ihm nicht in seinem Sein innewohnt. Stets und überall bestimmt die *Seinsnatur* (nämlich die jeweilige Eigen=Art des Seins) auch das *Seinsziel* (nämlich die Erfüllung: die zum

„Vollen kommende" Entfaltung). Kurz gesagt: das Sollen erschließt sich der Vernunft (als der Fähigkeit des Menschen zu schlußfolgerndem Denken) aus dem Sein. *Werterkenntnis ergibt sich aus der Seinserkenntnis.*

(4) Es entscheidet also nicht menschliche Satzung oder gar Willkür darüber, was richtig und falsch, gut und bös, Recht und Unrecht ist. Vielmehr ergeben sich die Formen des Seins der menschlichen Erkenntnis auch gleichzeitig als die Normen des Handelns zu erkennen. Aus dem *was* etwas ist oder *wie* es ist, erschließt es sich der Vernunft auch als *Wert*; nämlich wie es *sein soll* bzw. wie es *nicht* sein *darf*. – Der gläubige Mensch erkennt darin die Weisheit Gottes, der *in die Dinge* auch die Regeln ihres Verhaltens gelegt hat.

Übersicht 6

Sollenserkenntnis folgt aus der Seinserkenntnis
Normen (für das Handeln. verbindliche Richtlinien) sind aus dem *Sein* ableitbar. Aus dem, *was* etwas ist oder *wie* es ist, erschließt es sich der Vernunft auch als *Wert*, nämlich wie es sein *soll* oder wie es *nicht* sein *darf*.

I. Personenbezogene Normen

(1) Jeder Mensch ist in seinem Wesen, im Inbegriff seiner Eigenschaften *einmalig*. Weder leiblich noch geistig gibt es zwei gleiche Menschen. Jeder hat sein eigenes *Aussehen*; eine nur ihm eigentümliche *Körperbeschaffenheit*; sein besonderes *Temperament* (als bleibende Art, wie Eindrücke der Außenwelt erfaßt, verarbeitet und erwidert werden); auch seine speziellen (biochemisch erklärbaren) *Erbanlagen*, deren besondere Zusammensetzung eine wichtige Vorbedingung seines Daseinsrahmens bildet. Der Mensch ist also Einzelwesen, *Individuum*. Von allem anderen Sein ist er überdem dadurch abgehoben, daß er nicht wie ein Naturding einfach da ist. Vielmehr kann er sein Leben *gestalten*, nämlich nach Zielvorstellungen ausrichten.

(2) Solche jeden Menschen auszeichnende Einzigkeit begründet seine Erhabenheit, seine *Würde* als Individuum und damit auch seinen Rang als Träger von Rechten: als *Rechtssubjekt*. Dem Menschen kommen durch Geburt gewisse Rechte (*Grundrechte*) zu, die ihm nicht erst von der Gesellschaft gegeben werden, und die einfolglich von ihr auch nicht genommen werden können.

(a) Der Einzelne ist also mehr als nur ein Teil der Gattung „Mensch"; bei weitem mehr als bloß ein dem Staatswohl untergeordneter Bürger und mitnichten lediglich ein zufälliges und verschwindendes Bißchen in der Entwicklung des Weltganzen. Solches lehrt der *Kollektivismus*, vertreten vor allem vom Nationalsozialismus und Kommunismus.

(b) Im *christlichen Verständnis* zeigt sich die überragende Rolle des Individuums noch viel tiefgründiger. Weiß sich doch hier der Einzelne von einem liebenden Gott geschaffen. Er ist eingeladen zu einem Verhältnis unmittelbarer Partnerschaft mit Gott. Er lebt im zuversichtlichen Vertrauen auf ein Heilswirken (*Hoffnung*), das alle in ihm liegenden Anlagen und Wünsche erfüllt. Aus dieser von Gott an ihn gerichteten Berufung empfängt jeder Einzelne zusätzlichen Rang als Individualität: als ein zu verantwortlicher Selbstgestaltung bestimmtes Wesen.

(3) Der Mensch ist aber nicht bloß Individuum, sondern ingleichen auch *gesellschaftliches Wesen*. Jeder Einzelne ist bedürftig. Bereits vor seiner Geburt bleibt er auf fremde Hilfe angewiesen. Aber nicht allein diese *leiblich* notwendige Hinordnung auf den Anderen macht den Einzelnen zum sozialen Wesen. Vielmehr bietet ihm erst die Gesellschaft eine Möglichkeit, sich *geistig* zu entwickeln, ja sich überhaupt bloß mitzuteilen. Menschliche Werte lassen sich nur in der Hinwendung zum Anderen verwirklichen. Als vereinzeltes Individuum hätte er noch nicht einmal eine Sprache. Nie käme er zur Entfaltung seiner Anlagen.

(4) Allgemein versteht man unter *Gut* etwas (ein Ding oder eine Person), das um seines Wertes wegen tatsächlich geschätzt, begehrt und daher auch erstrebt wird. Subjektiv gesehen, ist *Wert* der Grad der Geschätztheit eines Gutes, das Maß seiner Erstrebtheit. Objektiv betrachtet ist der *Wert* dasjenige an einem Etwas (Person oder Sache), was den Grund für eine gerechtfertigte Schätzung abgibt. – *Gesellschaft* bezeichnet jedwede Mehrheit von Personen, die sich in einer bestimmten Weise als organisiert betrachten. Diesem Gattungsbegriff untergeordnet ist der Begriff *Gemeinschaft*. Als kennzeichnendes Merkmal tritt hier hinzu, daß die Einzelnen im dauernden Verhältnis einer bejahten und damit *gefühlsmäßig erfahrenen* Verbundenheit zueinander stehen; etwa: Familie, engere Arbeitsgruppe. – Die vorgestellte Unterscheidung zwischen Gesellschaft und Gemeinschaft ist zwar im deutschsprachigen Schrifttum die Regel. Es empfiehlt sich aber, die jeweils eingeführte Definition zu beachten.

(5) Der *ganze Mensch* als Einheit von Geist und Leib ist mithin gekennzeichnet sowohl durch den Selbststand des Einzelwesens (Individualität) als auch durch das Mit-Sein mit anderen (Sozialität). Beide Umstände eignen ihm gleichursprünglich. Man kann ihm weder das eine noch das andere nehmen oder auch nur verkürzen, ohne ihm damit das zu entreißen, was ihn zum Menschen macht: ohne ihm die Personalität zu rauben oder doch zu verstümmeln. *Individualität* und *Sozialität* erweisen sich als gleich gewichtig, immaßen als in derselben Weise wesensbestimmend für die *Personalität*.

1. Einzelgut, Einzelwohl

(1) *Ziel* eines jeden Menschen ist es, sich zu entfalten, sich selbst zu verwirklichen: sein *Wohl* zu erreichen. Der Einzelne möchte zum Vollen kommen; er strebt danach, seine *Anlagen* (alles bei der Geburt in die Welt Mitgebrachte) als Person *ausformen* zu können: sich zu vervollkommnen. Das ist ersichtlich in seine Natur (sein Wesen) hineingelegt. *Natur* bezeichnet dabei das durch die Geburt Entstandene, Urwüchsige, Vorgegebene. Es meint den *inneren Bauplan*: die Eigen=Art, wie sie jedem Menschen aufgrund seiner Individualität vom Ursprung her als ihn besonders kennzeichnende Veranlagung zukommt und als *zielleitende Kraft* (Entelechie) des Werdens und Lebens wirkt. – Im engeren, naturwissenschaftlichen Sinne bezeichnet *Entelechie* den die geordneten chemisch-physikalischen Abläufe im Organismus bewirkenden Faktor.

(2) Das (nächste, innere) Ziel des naturhaften Trachtens, also die *persönliche Selbstverwirklichung* als Vollendungs*zustand*, ist das *Einzelgut* (Privatgut). Im *weiteren Sinne* meint man mit Einzelgut aber auch jedes besondere, diesem Endziel entsprechende Erstrebte (etwa: Nahrung, Kleidung) des Menschen, und mit Selbstverwirklichung in diesem Falle dann einen *Prozeß*.

(a) Um aber sein Einzelgut auch erreichen zu können, muß jedermann seinen Lebenslauf planend einrichten. Denn bloßes Treibenlassen und in den Tag hinein Leben führt nirgends zum erwünschten Ziel (Leichtfertigkeit). Dazu bedarf es stets des bewußten Anfassens und überlegten Zupackens: des willentlichen Handelns. So hat jeder selbst ein Handeln zu bestimmen, das am günstigsten zum Einzelgut führt. Diese selbstbestimmte, willentliche Tätigkeit zur Erlangung des Einzelgutes nennt man *Eigenwohl* (Privatwohl).

(b) Einzelgut ist mithin das Ziel, Einzelwohl die zu diesem Ziel hinleitende Lebensgestaltung eines jeden Menschen.

Übersicht 7

Einzelgut und Einzelwohl

Einzelgut (Privatgut) eines jeden Menschen ist seine persönliche Selbstverwirklichung. – Das Einzel*gut* nennt also ein *Ziel*.

Einzelwohl (Privatwohl) ist eine der Selbstverwirklichung dienende, willentliche Lebensgestaltung des Menschen. – Das Einzel*wohl* kennzeichnet also das *Mittel zum Ziel*.

(3) Aus der beschriebenen *Seins*wirklichkeit, aus der tatbestandlichen Feststellung, folgt auch hier wiederum die *Norm* als Leitlinie des Handelns (Tuns oder Lassens). Alle haben die *Pflicht* (als Gebot, sich in Einklang mit der erkannten Norm zu verhalten) *zur Selbstverwirklichung.* Sie haben den Willen auf das von der Vernunft erkannte Ziel hin zu bewegen. Sie sind näherhin verpflichtet, von sich aus Vorkehrungen zu treffen, welche die Zielerreichung möglich machen.

(a) Das bedeutet *negativ*, daß niemand gegen seine wesenhafte Eigenart, gegen die in ihm wirkende Bewegung auf Vollendung angehen darf. Ein solches Verhalten wäre *Selbstentfremdung.*

(b) Pflicht zur Selbstverwirklichung besagt *positiv*, daß grundsätzlich jedermann selbstbestimmend sein Leben in Hinblick auf das Einzelgut zu gestalten, also für sein *Einzelwohl zu sorgen* hat. Andererseits besitzt jeder Einzelne aus seiner *Eigenverantwortung* (an Pflicht gebundenes und damit normerfüllendes Handeln) zur Selbstverwirklichung und Selbstbestimmung auch einen *Anspruch* darauf, daß ihm die Gesellschaft den hierzu notwendigen Freiraum gewährt.

(4) Einer Erläuterung bedarf der hier bereits mehrfach benutzte Begriff *Ziel.* Allgemein versteht man darunter das Ende, den Schluß irgendeines Vorganges, der in verschiedenen (in der Regel: zeitlichen) Abschnitten verläuft. Man unterscheidet nach Stufenfolgen das nächste, entferntere und letzte Ziel, wobei sinnvolle Zwischeneinteilungen möglich sind.

(a) Das *nächste* Ziel ist das Ergebnis, worauf ein Prozeß zunächst zustrebt. Nächstes Ziel des Menschen ist seine *Selbstverwirklichung*; die zum Vollen kommende Entfaltung seiner Anlagen. – Das *entferntere* Ziel ist das, worauf ein Geschehen *nach* Erreichung des nächsten Zieles zuläuft. Dies ist bei jedem Menschen ersichtlich der *Tod.* Das Urteil: „Alle Menschen müssen sterben" ist ein unmittelbar gewisses Urteil, das sowohl apriorisch als auch aposteriorisch erkannt ist. – *Letztes* Ziel (Endziel) ist jener Punkt oder Zustand, wohin die Entwicklung zum Schluß einmündet: der beendigende Abschluß eines Verlaufs, von wo aus ein weiterer Fortgang nicht mehr stattfindet. Dieses letzte Ziel des Menschen ist die *Lebensgemeinschaft mit Gott.* Ein solches Urteil läßt sich schlußfolgernd aus der Vernunft herleiten sowie als Aussage des religiösen Glaubens erkennen.

(b) Eine weitere Einteilung hat den Unterschied zwischen dem Objekt (Vorliegenden) und dem Subjekt (Ausführenden) eines zielleitenden Geschehens zum Divisionsgrund. Danach versteht man unter *innerem* Ziel das, wohin ein Sein seinem Wesen nach hinsteuert. Das innere Ziel eines Daches ist es, das Gebäude zu schützen; das innere Ziel des Menschen, seine Selbstverwirklichung zu erreichen. – Das *äußere* Ziel ist das, was jemand durch sein Handeln erreichen möchte. Dies kann mit dem inneren Ziel zusammenfallen; so bei der menschlichen Selbstverwirklichung. Es vermag aber auch von diesem verschieden zu sein. Beim Errichten einer Bedachung ist das (nächste) Ziel des Dachdeckers in der Regel wohl der Gelderwerb.

Übersicht 8

Selbstverwirklichung

Als Endpunkt: Ausformung des menschlichen Lebens gemäß dem in den Anlagen liegenden Bauplan; Verwirklichung und Vervollkommnung des bei der Geburt Vorgegebenen (Vollendungszustand: Zielgut i.e.S.).

Als Vorgang: Erhaltung und Gestaltung des Lebens im Zuge der Entfaltung der im Menschen liegenden Möglichkeiten; willentliche Erfüllung der Anlagen als über die ganze Lebensdauer sich hinziehender Prozeß; Befriedigung der dem Menschen eigenen leiblichen und geistigen Bedürfnisse (Tätigsein: Selbstverwirklichung als Prozeß; Zielgut i.w.S.).

Als Auftrag: Erreichen der inneren Sinnbestimmung, wodurch ein abgeschlossenes Ganzes, die vollendete Person, zustande kommt (Entelechie); die in der Umwelt harrenden (auf das Erfülltwerden durch den jeweiligen Menschen wartenden) Sinnmöglichkeiten gestaltend verwirklichen; Einfinden in die Umwelt durch Einsatz verfügbarer Fähigkeiten und Empfang lebenserfüllender Leistungen aus der Gesellschaft.

---

(5) Das nächste Ziel des Menschen (die Selbstverwirklichung als Privatgut) hängt also nicht von seiner Wahl ab; es ist *vorgegeben* (determiniert). Die Vernunft zeigt auch das Handeln auf, welches zu diesem Ziele führt. Das normgerechte Tun und Lassen muß aber im *Wollen* des Einzelnen verwirklicht werden. Dies geschieht durch das Gewissen.

(6) Unter *Gewissen* versteht man einmal eine *Anlage* als dem Menschen gegebene Eigenschaft (die Synterese). Es ist jenes Behaben des menschlichen Geistes, vermöge dessen man die Leitlinien des Sittlichen unterscheidend erkennen kann. – Zum anderen meint *Gewissen* ein *Handeln*, nämlich die Anwendung des Normerkennens auf das Tun und Lassen. Gewissen in diesem Sinne ist ein Urteil der praktischen (den Willen bestimmenden) Vernunft, welches sagt, eine Handlung sei als gut zu tun bzw. als bös zu meiden, oder aber als erlaubt der freien Wahl anheimgestellt.

(a) Ein gewissen*haftes* Handeln meint daher, mit der nötigen Umsicht alles verfügbare Wissen aufzubieten, um mögliche Folgen eines Tuns oder Lassens abschätzen zu können. Gewissen*loses* Handeln nennt man den Hang, sich an den Urteilen des Gewissens nicht zu kehren. – Die Kraft des Menschen, sein Handeln dem Gewissen gemäß stetig zu gestalten, heißt *Tugend*.

(b) Der Begriff *Verantwortung* drückt näherhin eine dreistellige Beziehung aus. Erstens: jemand ist *für etwas* verantwortlich; er ist bindend auf einen

Bezugsgegenstand hingeordnet. Gegenstand bezeichnet dabei Personen, Personenmehrheiten oder Sachen (wie die Umwelt, die Natur). Zweitens: jemand ist *vor anderen* verantwortlich. Andere erwarten etwas von ihm; sie rechnen mit einem bestimmten Verhalten. Verantwortung hat so stets eine *Bezugsgesellschaft*, zumindest einen Bezugspartner. Drittens: jemand ist *dafür* verantwortlich. Er selbst oder andere müssen für sein Tun oder Lassen geradestehen: es besteht eine *Bezugshaftung* der Verantwortung. – *Un*verantwortlich handelt, wer das erste Merkmal mißachtet: wer erst gar nicht für das einsteht, wofür er aufzukommen hat; wer die Erfordernisse aus mitmenschlicher Bestimmung und Bindung nicht auf sich nehmen will. Verantwortungs*los* ist ein Handeln, welches sich über das zweite Beziehungsmerkmal hinwegsetzt: wer die in ihn gesetzten Erwartungen nicht erfüllt; wer den Bezug seines Handelns auf die anderen vernachlässigt. – Sowohl *unverantwortliches* als auch *verantwortungsloses* Handeln führt zur *Überwälzung* der mit Verantwortung notwendig gekoppelten Bezugshaftung auf andere Personen.

2. Goldene Regel

(1) Aus Verstandeseinsicht und Erfahrung läßt sich unschwer erkennen, daß andere Menschen *dieselbe Natur* wie wir haben: alle Menschen sind gleich. Erstens fließt daraus für sie ein *gleiches Recht* auf Erhaltung und Entfaltung ihres Lebens. Auch ihnen muß die Selbstverwirklichung ermöglicht werden. Zweitens leitet sich davon für sie die *gleiche Achtung* ab, die wir selbst beanspruchen. Als ethisches Postulat folgt aus dieser Seinswirklichkeit unmittelbar der Satz: „Tue anderen nicht, was du nicht willst, das sie dir tun!", auch „Goldene Regel" genannt.

(2) Die Goldene Regel gilt als Grundgebot *jeden* Handelns *im allgemeinen*. Sie ist also keineswegs bloß Richtschnur des unmittelbar auf den Nächsten bezogenen Handelns *im besonderen*. Denn durch Verfügungen, die ein Mensch (gerade auch über Sachmittel – also beim Wirtschaften) trifft, gestaltet er nicht alleinig sein Einzelwohl. Vielmehr wirkt er zugleich auch auf die Daseinsbedingungen *anderer* ein. Er zieht diese in Mitleidenschaft oder fördert sie; trägt also *Verantwortung*. Aus Wahlhandlungen eines Einzelnen wird nämlich bloß in Ausnahmefällen (Robinson, Eremit) ausschließlich das vom Entscheidungsträger erstrebte und beabsichtigte Ergebnis herbeigeführt. Solche Entscheidungen haben im Regelfall stets auch Folgen und Wirkungen (*externe Effekte*) für andere: sei es im Guten, sei es im Bösen.

(3) „Alle Menschen sind gleich" (*Gleichheitsgrundsatz*) meint zweierlei. Erstens: aufgrund seiner ihn auszeichnenden Einzigkeit ist jedem Menschen durch Geburt eine *gleiche Würde*, ein gleiches Persönlichkeitsrecht gegeben. Zweitens: alle Menschen haben die *gleiche Natur*. In jedem Menschen ist in

Übersicht 9

Definitionen öfters vorkommender Begriffe aus der Ethik	
Ethik = Sittenlehre	Wissenschaft von der Aufzeigung und Begründung von Grundsätzen des Handelns.
Postulate = Grundsätze	unmittelbar gewisse Urteile der Ethik und damit deren Prinzipien (entsprechen den *Axiomen* der „positiven" Wissenschaften).
Norm	einsichtig begründeter, aus Prinzipien abgeleiteter Forderungssatz als eine für bestimmtes Handeln verbindlichen Richtlinie (nicht zu verwechseln mit Norm im technischen Sinne).
Gut	Sein (Person oder Sache), das um seines Wertes wegen tatsächlich geschätzt, begehrt und deshalb auch erstrebt wird.
Wert	Grad der Geschätztheit eines Gutes; dasjenige an einem Sein (Person oder Sache), was den Grund für eine gerechtfertigte Schätzung und Würdigung abgibt.
Gewissen	*Anlage* als dem Menschen gegebene Eigenschaft, vermöge derer er die Leitlinien des Sittlichen unterscheidend erkennen kann (Synterese). *Handeln* als Urteil der praktischen Vernunft über die Erlaubtheit eines Tuns oder Lassens.
Tugend	erworbene Kraft des Menschen, sein Handeln dem Gewissen gemäß stetig zu gestalten; dauernde Ausrichtung des Willens auf die Norm; pflichtgemäßes Verhalten nach Vernunftgesetzen aus Achtung für dieselben.
Wille	Vermögen des Menschen, sich bewußt Ziele zu setzen, gegenüber anderen möglichen Zielsetzungen an diesen in freier Entscheidung festzuhalten und alle eigenen Kräfte auf die Zielerreichung hinzuordnen.
Pflicht	das im Gewissen erfahrene Aufgerufensein des Menschen, etwas ohne äußeren Zwang, dennoch aber im Grunde unausweichlich tun oder lassen zu müssen; Handeln im Einklang mit der erkannten Norm.
Verantwortung	gewissenhaftes Handeln im sozialen Feld unter besonderer Berücksichtigung der Belange anderer.
Eigen-verantwortung	an Pflicht gebundenes und daher normerfüllendes Handeln in bezug auf sein Eigenwohl.

derselben Weise die Kraft auf Ausbildung und Erfüllung *seiner* Anlagen gelegt. Es gibt also keine „Übermenschen" und „Untermenschen".

(4) „Alle Menschen sind gleich" meint jedoch *nicht*, daß alle durch Geburt auch *dieselben Anlagen* mitbrächten. Denn diesfalls gäbe es ja keine Individualität! Es ist unleugbar, daß jeder Mensch schon durch sein *Geschlecht* besondere Anlagen (als Frau oder Mann) mit in die Welt bringt; ferner durch seine *Konstitution* (körperliche Eigentümlichkeiten bis in die Fingerspitzen: Fingerabdruck!) und durch sein *Temperament*. Zudem unterscheiden sich die Menschen durch das verschieden geartete Verhältnis der einzelnen *Geistes-kräfte* sowie der *vegetativen* und *animalen Funktionen* (aus der Biologie begründete Haupteinteilung des Nervensystems, welches in seiner Gesamtheit die Beziehungen zur Umwelt steuert).

(a) Besonders *Phantasie* (Vermögen, aus erworbenen Vorstellungen durch deren mannigfache Verknüpfung und Gestaltung neue, eigengeartete Gebilde zusammenzusetzen), *Empfindung* (das bei der Einwirkung eines Reizes auf ein Sinnesorgan eintretende Erlebnis), *Verstand* (Fähigkeit zu begrifflichem Denken) und *Wille* (Vermögen, sich bewußt Ziele zu setzen, gegenüber anderen möglichen Zielsetzungen an diesen in freier Entscheidung festzuhalten und alle eigenen Kräfte für die Erreichung der Ziele einzusetzen) sind bei einzelnen Personen verschieden stark angeboren. Dies läßt sich empirisch unzweideutig nachweisen.

(b) Aus den dargelegten Gründen kann man von Kind auf bei den Menschen eine deutlich *unterschiedliche* Empfänglichkeit etwa für Kunst, Musik, Wissenschaft sowie für Tätigkeiten geistiger oder praktischer Art beobachten, die *nicht* erziehungsbedingt ist. – Ein höherer Grad von Anlage heißt *Talent*, der höchste *Genie*. Wenn daher in jeder Gesellschaft besonders Talentierten bevorzugte Stellungen zugewiesen werden, so ist das kein Verstoß gegen den Gleichheitsgrundsatz. „Jedem das Seine" widerspricht nicht dem Grundsatz „Alle Menschen sind gleich".

II. Gesellschaftsbezogene Normen

(1) Einzelmenschen vergesellschaften sich, um ein bestimmtes Ziel zu erreichen. Dieses können sie als Einzelne entweder überhaupt nicht oder allenfalls bloß unvollkommen erlangen. Das gemeinsam Gewollte und Erstrebte ist das *Gemeingut*. Das Gemeingut kann eine Mengengröße sein, wie etwa der Wasserdamm eines Deichverbandes. Das die Einzelnen verbindende Ziel vermag aber auch aus einem nicht greifbaren, nicht faßbaren Gegenstand zu bestehen, wie etwa die Freude am Sport und an der Geselligkeit beim Turnverein. Das jeweilige Zielgut ist damit das Bestimmende eines jeden Sozialen und prägt dessen Eigenart. – Ziel der menschlichen Gesellschaft überhaupt

(im weitesten Sinne) ist es, die Selbstverwirklichung der Einzelnen (deren Privatgut) bestmöglich zu erreichen.

(2) Das Gemeingut (etwa: Deich) liegt weder *außer* noch *über* dem Privatgut (etwa: flutgeschützter Eigenbesitz) der Mitglieder einer Gesellschaft. Es bildet sich auch nicht unabhängig vom Privatgut der Einzelnen. Vielmehr *umgreift* es das Einzelgut aller. Es besteht darin, das Privatgut der sich zusammenschließenden Einzelnen zunächst einmal (besser) zu bewirken, es zu erhalten, zu sichern, zu erhöhen, überdem zu vollenden (Deich, der den Besitz aller Mitglieder vor Wasserschaden bewahrt). Das Gemeingut ist damit gleichzeitig das Ordnungsganze der an der Gesellschaft beteiligten Privatgüter.

(3) *Gemeinwohl* (das Gemeingerechte) bezeichnet die zweckmäßige Verfaßtheit einer Gesellschaft in bezug auf die Erreichung des Gemeinguts. Es handelt sich hierbei also *nicht* um einen inhaltlichen Wert (nämlich das Zielgut). Vielmehr bezeichnet es die sinnentsprechende *Gliederung* eines Sozialgebildes (etwa: Satzung des Deichverbandes bzw. des Turnvereins).

(a) Insoweit besteht also das Gemeinwohl in guter Organisation. Dies ist sein *organisatorischer Wert*. Freilich ist es ebenso notwendig, die einzelnen Glieder zur vereinten Hinarbeit auf das gemeinsame Ziel zusammenzuführen und auch zusammenzuhalten. Das vereinte und zielgerichtete Wirken der Einzelnen gilt es wirksam (effizient) zu organisieren. In dieser Hinsicht ist das Gemeinwohl ein *organisierender Wert*. Unter beiden Gesichtspunkten jedoch ist das Gemeinwohl stets *Dienstwert*: es ist wertvoll nicht um seiner selbst willen, sondern nur um des Dienstes wegen, den es leistet (zum Deichbau zusammenzuführen; Turner zu vereinen).

(b) Als zu formender Ordnung (*Ordnung* allgemein verstanden als sinnvoll erkennbare Zusammenfassung vieler Einzelinteressen bzw. Einzelseienden zu einem bestimmten Ganzen) bedarf das Gemeinwohl damit für den Regelfall einer Gewalt mit verbindlicher Durchführungsvollmacht, die im Namen der Glieder handeln kann. Diese *Autorität* (vollziehende Gewalt) besteht im Recht und in der Pflicht, alle Maßnahmen für das Gemeinwohl zu ergreifen. Sie kann auf verschiedene Weise ausgeübt werden; etwa durch Entscheidung der Mehrheit oder durch Handeln einer Gruppe bzw. eines Einzelnen im Namen des Sozialen.

(3) Das Zielgut *öffentlicher Gemeinwesen* aller Art (Staat) besteht darin, einen Rahmen für das menschenwürdige Leben aller, näherhin zu deren Selbstverwirklichung, zu schaffen. Gemein*gut* des Staates als *Genossenschaftsverband* (als Miteinander aller im Dienste der Gemeinschaftsaufgaben) ist daher das Gemein*wohl* eben dieser Gesellschaft zu erreichen. Als Aufgabe des Staates ergibt sich von da: die bestmögliche Erfüllung der Lebensziele seiner Bürger durch entsprechende Verfaßtheit sicherzustellen.

(a) Gleichzeitig verpflichtet dieses Ziel auch den Staat als *Herrschaftsverband* (als mit Machtmitteln ausgestattete Organisation), eine Rechtsordnung zum Schutze und Vorteil aller zu schaffen. Diese gilt es zu wahren, nämlich gegen Widerstrebende durchzusetzen sowie gegen innere und äußere Feinde wirksam zu schützen.

Übersicht 10

Gemeingut und Gemeinwohl

Gemeingut eines Sozialgebildes ist das von den Mitgliedern gemeinsam Erstrebte und Gewollte. Solches kann etwas Greifbares, Faßbares sein (etwa: Deich) oder etwas Nichtkörperhaftes, Nichtmaterielles (etwa: Freude am Sport und der Geselligkeit). – Das Gemein*gut* nennt also ein *Ziel.*

Gemeinwohl eines Sozialgebildes ist die zur Erlangung des Gemeingutes notwendige Gliederung und Verfaßtheit. Das Gemeinwohl als gesellschaftliche Satzungsgestaltung hat zwei Hauptaufgaben. Erstens muß es eine zielleitende Ordnung aufstellen und zur Geltung bringen; dies ist sein *organisatorischer Wert.* Zweitens müssen alle Mitglieder zur vereinten Hinarbeit auf das gemeinsame Ziel zusammengeführt und zusammengehalten werden; dies ist sein *organisierender Wert.* – Das Gemein*wohl* kennzeichnet also das *Mittel zum Ziel.*

(b) Um dies zu tun, bedarf der Staat einer eigenen Autorität. Sie zeigt sich in einem Geflecht von Behörden, Ämtern, Gerichten und Verwaltungseinrichtungen: im Staat als *Anstalt.* Das Anstaltliche im Staat darf aber nicht zum Selbstzweck werden (Apparat; Bureaukratie). Auch hier ist der *Dienstwert* das Entscheidende. Er besteht darin, über einen Genossenschafts- und Herrschaftsverband das Gemeinwohl der Bürger zu erreichen.

(c) Leider bedeutet für viele Menschen *Staat* bloß noch Regierung und Ämter. Was diese tun und was sie den Bürgern abfordern (Steuern), ist in deren Vorstellung *für den Apparat* zu erbringen – nicht für das Staatsvolk. Eine solche Bewußtseinshaltung kann sich zu einer lähmenden *Staatsverdrossenheit* mit weitreichenden Folgen ausweiten.

(4) Die aus dem Wesen der Gesellschaft ableitbaren Sollenssätze sind gleichzeitig die *Gliederungsrichtlinien* für jedes Soziale. Man kennt vor allem zwei solcher Grundsätze: Solidarität und Subsidiarität.

1. Solidarität

(1) Der *Grundsatz der gemeinsamen Verpflichtung* (Solidaritätsprinzip) fordert, daß sich die Glieder eines Sozialen um das Wohl des Ganzen anzunehmen haben. Ingleichen muß das Ganze sich um das Wohl des Einzelnen kümmern. Diese *Gemeinhaftung* in Bindung und Rückbindung (als *Sollenssatz*) folgt unmittelbar aus der bereits dargelegten tatsächlichen wechselseitigen Abhängigkeit des Einzelnen von der Gesellschaft, aber auch der Gesellschaft von ihren Gliedern (*Gemeinverflochtenheit* als *Seins*aussage, als tatbestandliche Feststellung). – Der Sollenssatz verbietet damit jede *Selbstsucht*. Niemand darf sich absondern und so handeln, als ginge ihn der andere und die Gesellschaft nichts an. Verworfen wird aber auch jede *Selbstverachtung*. Keinem ist es gestattet, von der Fürsorge um sein Einzelgut abzustehen und sich bloß der Gesellschaft hinzugeben.

(2) Im politischen (und namentlich im gewerkschaftlichen) Leben ist *Solidarität* ein stark *gefühlsbetonter Begriff* von schillerndem Inhalt. Hier wird Solidarität als rein vernunftmäßige Denkeinheit (die über die seinshafte Beschaffenheit der Gesellschaft informiert) bzw. als sozialethischer Terminus (der über das Gesollte in Gesellschaften aussagt) benutzt.

(3) Aus dem Solidaritätsprinzip folgt, daß die Autorität (in staatlich verfaßten Gesellschaften: die Staatsgewalt) die Gesellschaft nicht begründet (nicht gesellschafts*konstitutiv*) ist. Vielmehr geht sie als Funktionsglied aus ihr hervor (sie ist gesellschafts*konsekutiv*). Jede Form der *Diktatur* widerspricht daher dem Solidaritätsprinzip – einschließlich einer „milden" Diktatur in Gestalt bloßer Bevormundung durch Amtsstuben und deren alles besserwissenden Funktionäre. Auch die Meinung, der Staat sei *Selbstzweck* (Staat der Staatsraison), beruht erkennbar auf einem Fehlschluß. Der Staat ist in erster Linie und im nächsten, inneren wie äußeren Ziel *Genossenschaftsverband*, wie aus der Gemeinverflochtenheit unzweideutig erkennbar ist.

(4) Das Solidaritätsprinzip ist auch *Rechtsprinzip*. Es gewährleistet zunächst die unverzichtbare *Subjektstellung der Person* im gesellschaftlichen (und darum auch im wirtschaftlichen) Leben. Jedoch werden Eigenart und Eigenständigkeit der gesellschaftlichen Gebilde (Familie, Gemeinde, . . . , Völkergesellschaft) dadurch nicht angetastet oder verkürzt. Gesellschaften aller Art sind Ordnungseinheiten. Sie begründen aus ihrem Sinn heraus (nämlich: das jeweilige Zielgut bestmöglich zu erreichen) einen Bestand von Rechten und Pflichten. Drei Arten solcher Beziehungen lassen sich erkennen. Erstens: des Ganzen gegenüber den Gliedern (vor allem: Förderung, Schutz). Zweitens: der Glieder gegenüber dem Ganzen (vor allem: Anteilnahme, Mitarbeit). Drittens: der Glieder untereinander (gegenseitige Rücksichtnahme und Stützung). Diese Verpflichtungen gesamthaft (als gesellschaftsgestaltender und regelnder Inbegriff von Normen) macht die *Rechtsordnung der Gesell-*

Übersicht 11

Solidaritätsprinzip

Seinsaussage: Soll es dem Ganzen wohl ergehen, dann müssen alle seine Glieder in ersprießlichem Zustand sein. Soll es den Gliedern wohl ergehen, dann muß das Ganze in gutem Befund sein. Einzelwohl und Gemeinwohl sind also wechselseitig aufeinander angewiesen. Sie sind unlöslich miteinander verstrickt.

Sollensaussage: Alle Glieder eines Sozialgebildes (etwa: Deichverband) haben sich in die zielleitende Ordnung (Deichsatzung) einzufügen. Sie müssen das Gemeinwohl (vereinte Hinarbeit auf Deichanlage) fördern und unterstützen. Ingleichen hat das Sozialgebilde (durch seine satzungsgemäß eingerichtete Autorität; etwa: Deichgraf) sich um das Einzelwohl der Glieder zu kümmern (etwa: Hilfe bei Deichschaden im Grundstücksbereich des Mitglieds).

Negativ: Keiner darf sich absondern und so handeln, als ginge ihn das Ganze nichts an. Niemand darf sich aber auch nur noch dem Gemeinwohl hingeben und dabei sein Privatwohl vernachlässigen. – Die Autorität des Sozialgebildes darf nicht das Gemeinwohl (Hinarbeit auf den Deich als das gemeinsam Gewollte) vernachlässigen auf Kosten des Eigenwohls (jeder baut selbstbestimmend Dämme um sein Grundstück); denn *Gemeinwohl geht vor Eigenwohl*. – Die Autorität darf aber ebensowenig das Gemeinwohl auf Kosten des Privatwohls ausdehnen (übermäßige, existenzvernichtende Heranziehung der Mitglieder zum Deichbau); denn *ohne Einzelwohl auch kein Gemeinwohl*.

---

schaft aus. Rechtsordnung und Gesellschaftsordnung sind insoweit nur zwei verschiedene Bezeichnungen für ein und dieselbe Sache.

(5) Dem Solidaritätsprinzip als (aus tatsächlicher, seinshafter wechselseitiger Verstrickung ableitbarer) ethischer Norm wird die *Gemeinwohllehre* gerecht. Sie besagt, daß das Gemeingut und das Einzelgut *einander bedingen*. Im Einzelgut liegt der ethische Auftrag, zum Gemeingut beizutragen. Andererseits liegt im Gemeingut der Auftrag, dem Privatgut gerecht zu werden. Ein „*Wohlfahrtsmaximum*" wird dann erreicht, wenn beide Verpflichtungen erfüllt werden.

2. Subsidiarität

(1) Der *Grundsatz der Zuständigkeit* (Subsidiaritätsprinzip, Kompetenzregel) spricht einen leitenden Richtsatz über den Stufenbau eines jeden Sozialen aus. Wird eine Gesellschaft gemäß dieser Vorschrift geschichtet, dann gelangen die Personen *bestmöglich* in den *Genuß ihres Privatgutes*. Darüber hinaus erreichen bei solchem Aufbau der Gesellschaft die Personen die günstigste *Teilhabe am Gemeingut* des jeweiligen Sozialen. Das Subsidiaritätsprinzip zeigt also an, *auf welche Weise* das Gemeinwohl erreicht wird.

(2) *Allgemein* fordert das Subsidiaritätsprinzip, Sozialgebilde stets so aufzubauen, daß eine sachlich unbegründete Lenkung oder gar Gängelung von Einzelnen durch andere Personen oder Gesellschaften ausgeschlossen bleibt. Damit wird sichergestellt, daß die Personen in größtmöglicher *Freiheit* und persönlicher *Mitverantwortung* an den Sozialgebilden beteiligt sind. Denn keineswegs ist gleichgültig, auf welche Weise die Erreichung des Gemeingutes erfolgt. Vielmehr wird gefordert, daß es *in* und *mit* der Entfaltung der Personwerte zustande kommt. Dann nämlich ist das Gemeinwohl am zweckmäßigsten (nämlich erfolgversprechend) eingerichtet. Das jedoch setzt die selbsttätige, freie Mitwirkung der beteiligten Menschen voraus.

(3) *Positiv ausgedrückt* enthält das Subsidiaritätsprinzip zweierlei. Erstens: eine *Anweisung zur bestmöglichen Hilfe*. Der im Solidaritätsprinzip ausgesprochene Beistand des Ganzen für seine Glieder muß, wenn irgend möglich, *Hilfe zur Selbsthilfe* sein. Fremdhilfe soll nur dann geleistet werden, falls sich Gesellschaftshilfe als zur Selbsthilfe nicht möglich oder nicht ausreichend erweisen würde. Sonst nämlich würden die *Anlagen und Fähigkeiten Einzelner* bzw. kleinerer Sozialgebilde *zurückgedrängt*; sie wären in ihrer Entfaltung gehindert. Zweitens: eine *Bezeichnung der zur Hilfe Verpflichteten*. Jeweils das dem hilfsbedürftigen Gliede in aufsteigender oder absteigender Ordnung am nächsten stehende Sozialgebilde ist zum Beistand verpflichtet. Denn seine Unterstützung hat am wenigsten den Rang der Fremdhilfe. Daher läßt sie auch der Selbsthilfe des Gliedes den meisten Raum. So hat beispielsweise der Einzelne einen Hilfeanspruch gegenüber der Familie, die Familie an die Gemeinde, die Gemeinde an den Gliedstaat, der Gliedstaat an den Gesamtstaat und dieser an die Völkergesellschaft. Von daher ist *Entwicklungshilfe* eine aus der Kompetenzregel fließende Pflicht aller (National)Staaten. Denn sie sind das nächste Stockwert unter der Völkergesellschaft.

(4) *Negativ betont* besagt das Subsidiaritätsprinzip folgendes. Was Einzelne und kleine Sozialgebilde aus eigener Inangriffnahme und Kraft leisten können, darf ihnen *nicht entzogen* (und umfassenderen, übergeordneten Sozialgebilden zugewiesen) *werden*. Insofern erweist sich das Zuständigkeitsprinzip als *Schutz vor Übermachtung* kleinerer Gebilde durch größere. Damit wirkt es aber auch

einer Lähmung der Leistungsbereitschaft entgegen. Denn wo immer arteigene Aufgaben eines Sozialen nach oben gezogen werden, da wächst die Resignation, nämlich die Neigung zur Teilnahmslosigkeit des so bevormundeten Sozialgebildes. Deshalb *schützt* die subsidiäre Gliederungsform mither auch *vor der Erstarrung* der Sozialgebilde überhaupt. Fremdeinmischung führt aber ob ihrer gerade erwähnten Resignationswirkung (Frustrationseffekt) sowie wegen der in aller Regel schlechteren inhaltlichen Lösung (Mangel an Sachkenntnis und Sachverstand) zur Erstickung der leistungskräftigen Selbstinitiative und Einsatzbereitschaft. Die laufenden Aufgaben des Sozialgebildes werden in der Folge nicht mehr (richtig) erfüllt; es ist in seiner Lebensfähigkeit bedroht.

(5) Endlich jedoch bedeutet das Subsidiaritätsprinzip für die Personen und für die kleineren Sozialgebilde auch ein unmittelbar *verpflichtendes Handlungsgebot*. Sie dürfen mitnichten Aufgaben, die sie selbst richtig leisten könnten, nach oben abschieben. Hierin liegt in den westlichen Demokratien derzeit eine nicht zu unterschätzende Gefahr. Herrscht doch weithin die Neigung vor, Obliegenheiten aus dem Lebenskreis des Einzelnen und der kleinen Sozialgebilde dem politischen Genossenschaftsverband (Staat) zuzuweisen.

(a) Durch eine solche Tendenz *vergrößert* sich laufend die *ökonomische Macht des Staates* als Anstalt. Dieser muß die zusätzlich notwendigen Ausgaben für mehr Verwaltung (Behörden, Ämter, Staatsbedienstete) über eine Mehrung der Abgaben bei den Einzelnen und besteuerbaren Körperschaften (vor allem Unternehmen) aufbringen. Man spricht hier vom *Wagnerschen Gesetz* (Gesetz der wachsenden Staatsausgaben). Am Ende dieser Entwicklung ist dann der Staatsanteil am Sozialprodukt so hoch, daß es von daher zwangsläufig zu einer Übermachtung der kleineren Sozialgebilde („kalte Sozialisierung"), ebenermaßen zu einer bureaukratischen Bevormundung der Einzelnen (sozialstaatliche „Wohlfahrtsdiktatur": in Amtsstuben wird festgelegt, was für den einzelnen Bürger gut zu sein hat) kommt.

(b) Damit einher geht in föderalistischen Staaten auch noch meistens die Erweiterung des Aufgabenkreises des Zentralstaates zu Lasten der kleineren Einheiten (Länder, Provinzen, Kreise, Gemeinden). Diesfalls spricht man vom *Popitzschen Gesetz* (Gesetz von der Anziehung des größeren öffentlichen Haushalts). Beide Sachverhalte (nämlich der, welcher das Wagnersche Gesetz beschreibt und der, welcher das Popitzsche Gesetz nennt) weisen auf eine dem Subsidiaritätsprinzip zuwiderlaufende Entwicklung hin.

(6) Nicht bloß im Staat wuchert im Falle nicht-subsidiärer Gliederung erfahrungsgemäß die Bureaukratie. Gleiches gilt auch für jedes größere Sozialgebilde (Verein, Unternehmen, Partei, Kirche, Universität, Krankenhaus und was immer sonst). Der Begriff *Bureaukratie* ist aber mit *Amtswaltung von oben herab* nicht ausreichend definiert. Er bedarf als Erfahrungsbegriff einer Erklärung, schon weil der Ausdruck als *abschätziges Werturteil* gemeint ist.

(a) Innert jeder Gesellschaft müssen die Leistungen der Mitglieder zum Gemeinwohl aufeinander abgestimmt werden. In kleineren Sozialgebilden (etwa: Familie, Stammtisch, Schachclub) bedarf es dazu zumindest einer groben, umrißhaften und für das betreffende Soziale arteigenen Verhaltensordnung. In umfänglicheren Gesellschaften ist es notwendig, auch eine förmliche, *rechtlich verfaßte Ordnung* einzuführen. In ihr müssen Angelegenheiten wie Aufgabenverteilung, Dienstwege, Nachrichtenaustausch (Kommunikation), Geschäftsverkehr und anderes geregelt werden. Es ergibt sich damit auch die Erfordernis, Mitglieder des Sozialen mit der Besorgung dieser Ordnung zu betrauen.

Übersicht 12

Dem Subsidiaritätsprinzip zuwiderlaufende Umschichtungen innert eines Staates anzeigende Gesetze (Empireme)	
Wagnersches Gesetz, Gesetz der wachsenden Staatsausgaben	
Namensherkunft:	Adolph Wagner (1835-1917), deutscher Nationalökonom.
Inhalt:	Die Staatsausgaben nehmen ständig zu.
Ursache:	Einzelne schieben Aufgaben an den Staat ab; Individualbedürfnisse werden zu Kollektivbedürfnissen.
Popitzsches Gesetz, Gesetz von der Anziehung des größeren Budgets	
Namensherkunft:	Johannes Popitz (1884-1945), deutscher Finanzpolitiker.
Inhalt:	In föderalistischen Staaten steigen die Ausgaben des Gesamtstaates im Zeitverlauf rascher als die der Gliedeinheiten (Länder, Kreise, Gemeinden).
Ursache:	Zentralstaat zieht im Zuge der laufenden Gesetzgebung Aufgaben an sich; Einnahmequellen der Gliedeinheiten sind zu schwach.

(b) Die Ausführenden begreifen sich jedoch (wie sich empirisch beweisen läßt: im Regelfall) nicht mehr als dienende, dem Sozialen in Verantwortung verpflichtete Mitglieder. Vielmehr setzt sich bei ihnen ein *Hang zur Verselbständigung* durch. – Häufig sehen sie gar die ihnen anvertraute Aufgabe (Organisation) als *Mittel zur Herrschaftsausübung* an. Einzelne Angehörige dieser Ordnungsgewalt oder schon ganze Gruppen verfallen unter Umständen dazu noch in einen *Machtrausch*. Sie verwirklichen dabei ihre Träume von menschlicher Allgewalt und setzen so ihr Wirkungsvermögen zum persönlichen Lustgewinn ein. – Die Beherrschten (Verwalteten) werden in *Angst* versetzt. Sie sehen im Apparat ihren Feind. Abwertend spricht man dann auch vom *„System"* und meint dabei das Geflecht von sachlicher (Dienstgebäude) und persönlicher (Beamte, Angestellte) Amtswaltung von oben nach unten.

(c) Durch geeignete Schritte (etwa: Wahlbeamte auf Zeit, Beschwerdeausschüsse, Verwaltungsgerichte) kann die schiere Gewaltherrschaft der Bureaukratie vermieden werden. Leider jedoch läßt sich ein *bureaukratischer Korpsgeist* nur schwer (wenn überhaupt!) eindämmen. Gemeint ist damit das Bewußtsein der Mitglieder einer Ordnungsgewalt (Beamte, Angestellte), sich in erster Linie für das einwandfreie Funktionieren *der Organisation selbst* (der Apparatur) verantwortlich zu sehen. Pflichterfüllung ist für sie *unpersönlich* geworden. Sie denken, empfinden und handeln nach den *Sachgegebenheiten der Apparatur*, und nicht auf das Gemeinwohl des Ganzen hin.

(d) Sicher ist Verwaltung (Apparatur) innert eines größeren Sozialen zur durchgreifenden Straffung und zielleitenden Gestaltung der Vorgänge unerläßlich. Einzig *Wirrwarr* und damit Nichterreichung des Gemeingutes wäre der Ausweg. Jedoch wächst die damit zwangsläufig einhergehende *Versachlichung der Beziehungen* in einem Sozialgebilde meistens mit der zunehmenden Größe des Sozialen (etwa: kleine Landeskirche mit bloß 30 Pfarrern; große Landeskirche mit 3000 Kirchenbediensteten). Einzig erkennbarer *Schutz* gegen all diese Vereinseitigungen (und damit gegen die Bureaukratie überhaupt) ist die *subsidiäre Gliederung* einer Gesellschaft. Sie bürgt für (sinnvolle) Dezentralisation und weitgehende (ehrenamtliche) Selbstverwaltung.

(7) Das Subsidiaritätsprinzip erweist sich nach alldem als *einleuchtende Gliederungsrichtlinie*, gleichzeitig aber auch als *Rechtsgrundsatz*. Denn es legt fest, *wer* im Verhältnis von Ganzen und Gliedern etwas zu tun hat; es *verteilt* eindeutig *Kompetenzen* (Zuständigkeiten). Endlich baut es einen Schutzwall gegen Vermachtung jeder Art. Es begründet eine gesellschaftliche Vielfalt, welche an sich schon einen Reichtum für jedes Sozialgebilde darstellt und zu einem friedlichen Miteinander einlädt.

(8) Natürlich darf Subsidiarität *nicht zum Selbstziel* (statt zu einem *Dienstwert*) werden! In solchem Falle entstünde eine höchst gemeinwohlschädigende *Prinzipienreiterei*. Diese erreicht allemal das Gegenteil von dem, was ein praktischer Grundsatz eigentlich regeln möchte: sie wirkt *sinnverkehrend* (pervertierend). Wo also eine sachkundige Verwaltungskraft tadellose Problemlösungen für ein Soziales erarbeitet, da darf mitnichten im Namen des Subsidiaritätsprinzips statt derer ein Selbstverwaltungskörper unerfahrener, schwatzhafter und parteisüchtiger Stümper eingerichtet werden – gar noch mit Ausschüssen, Unterausschüssen und Arbeitsgruppen. – Auch gibt es durchaus angemessene *Mischformen* zwischen einer Mittelpunktverwaltung (Zentralisation; etwa: in einem Unternehmen, Krankenhaus oder einer Universität in bezug auf Rechenanlagen und Literaturbeschaffung) und Kompetenzverteilung (Dezentralisation).

Übersicht 13

Subsidiaritätsprinzip

Seinsaussage: Einzelwohl und Gemeinwohl sind wechselseitig voneinander abhängig und daher aufeinander angewiesen. Das Gemeinwohl ist dann am meisten erfolgversprechend eingerichtet, wenn die Glieder in größtmöglicher Freiheit und selbsttätiger Mitverantwortung an den Sozialgebilden beteiligt sind. Denn die Eigenbereitschaft, die Selbstinitiative, der aus freiem Antrieb geleistete Einsatz entfaltet die Persönlichkeit (OMNE AGENS AGENDO PERFICITUR). Daher ist eigenständiges Handeln im Ergebnis auch am wirkungsvollsten.

Sollensaussage: Die im Solidaritätsprinzip ausgesprochene Pflicht des Ganzen, sich um das Wohl seiner Glieder anzunehmen, wird in ihrer Art und Weise näher bestimmt. Erstens: der beste Beistand des Ganzen ist Hilfe zur Selbsthilfe. Denn zur Selbstverwirklichung kommt dem Einzelnen nichts vorteilhafter zustatten als eigenes, selbstbestimmtes Handeln und Selbstbewährung. Fremdhilfe aber birgt die Gefahr der Bevormundung. − Zweitens: das dem hilfsbedürftigen Gliede jeweils am nächsten stehende Sozialgebilde ist zum Beistand verpflichtet. Denn seine Unterstützung hat am wenigsten den Rang der Fremdhilfe. Ferner kann sie am meisten sachkundig, daher auch ohne Umweg zielleitend und somit sparsamst, geleistet werden.

Negativ: Was Einzelne und kleinere Sozialgebilde aus eigener Inangriffnahme und Kraft vollbringen können, darf ihnen nicht entzogen und umfassenderen, übergeordneten Sozialgebilden zugewiesen werden. − Einzelne und kleinere Sozialgebilde dürfen Aufgaben, die sie selbst ordentlich erledigen können, nicht nach oben abschieben. − Sozialgebilde aller Art dürfen nicht bureaukratisch (von oben nach unten bevormundend und befehligend) verwaltet werden. − Das Subsidiaritätsprinzip darf nicht zum Selbstzweck mißbraucht werden (ABUSUS PER EXCESSUM: sinnverkehrende Prinzipienreiterei).

---

(9) Erwiesenermaßen falsch ist es, das Kompetenzprinzip als „*katholisches Dogma*" zu kennzeichnen. Denn es stammt nicht von da. Lediglich der Name *Subsidiaritäts* prinzip scheint aus einem Lehrschreiben (Quadragesimo anno aus dem Jahre 1931) des Papstes (Pius XI.) zu kommen. Es wäre doch sehr unwahrscheinlich, daß ausgerechnet die bis in jüngste Zeit hinein streng zentralistisch-hierarchisch gegliederte katholische Kirche einen gegen ihre eigene Organisation gerichteten Grundsatz erfände.

D. Ökonomische Normen

Weil die Wirtschaft ein Teil der Gesellschaft ist, so gilt es auch hier wieder, *personen*bezogene Normen und *gesellschafts*bezogene Normen zu unterscheiden. Es folgt ferner aus dieser Voraussetzung, daß die bisher abgeleiteten Forderungssätze weiterhin Gültigkeit besitzen. Es waren dies die Erkenntnis menschlicher Grundrechte, die „Goldene Regel" (Tue anderen nicht, was du nicht willst, das sie dir tun) sowie die Sollenssätze der Solidarität (Einzelglieder und Ganzes sind füreinander verantwortlich) und der Subsidiarität (kleine Lebenskreise haben das Recht zur Eigengestaltung).

I. Personenbezogene Normen

Bei der Betrachtung des *seins*mäßigen Verhältnisses (der tatbestandlichen Beziehung) des Einzelnen zur Wirtschaft kann man deutlich drei wesensbestimmende Merkmale erkennen. Es ist dies erstens die *Abhängigkeit des Menschen von Gütern*, zweitens die *Tatsache der Güterknappheit* und drittens das *Arbeitsleid*.

1. Güterabhängigkeit

Zur Befriedigung seiner Bedürfnisse (*Bedürfnis* definiert als Gefühl eines Mangels, verbunden mit dem Bestreben, solchem Mangel abzuhelfen) ist jeder Mensch fortwährend auf die Verwendung von Gütern angewiesen. *Fortwährend* deshalb, weil fast alle Bedürfnisse (vor allem: Trinken und Essen) *Wiederholungs*bedürfnisse sind: sie treten einige Zeit nach Befriedigung erneut auf. Im menschlichen Sein liegt eine zwanghafte Gebundenheit an die *Güter* (im ökonomischen Sinne, als nützliche, zur Befriedigung der Bedürfnisse taugliche Dinge). Ohne beständigen Güterverbrauch ist menschliches Leben (im biologischen Sinne) als Voraussetzung zur Erreichung der persönlichen Selbstverwirklichung gar nicht möglich. Anders gesehen: nur Güter besitzen die Macht, den Menschen überhaupt am Dasein zu erhalten.

2. Güterknappheit

Die von der Natur (*Natur* hier verstanden als Schöpfung, als der Raum, der als „Umwelt" da ist; die Erde als Planet) dem Menschen dargebotenen Mittel sind *mengenmäßig* auf einen gegebenen Vorrat begrenzt: sie sind knapp, limitiert. Jedoch zeigt sich dazu auch *gütemäßig* eine Knappheit. Sind doch die zur Erhaltung und Gestaltung des menschlichen Lebens minder tauglichen Mittel (Meereswasser, Wüstensand) in Überzahl vorhanden. Diese doppelte Knappheit ist als Wirklichkeit vorgegeben; es handelt sich also um eine *Seins*aussage, um eine tatbestandliche Feststellung.

3. Arbeitsleid

(1) Die Mittel zur Bedürfnisbefriedigung müssen jedoch auch unter *Mühewaltung* erworben werden. Dies ist eine zusätzliche Erschwernis; sie folgt nicht denknotwendig aus dem Tatbestand der Güterknappheit. Die ältere Nationalökonomik sprach in diesem Zusammenhang von *Arbeitsleid* (Arbeitslast).

(2) Arbeitsleid läßt sich in dreifacher Weise erkennen. Erstens: im Zuge des Arbeitsvollzuges wird leibliche Energie eingesetzt, die sich dabei verbraucht. *Energie* ist allgemein die Fähigkeit eines Körpers, Arbeit zu leisten. Die vom menschlichen Körper (Organismus) abgegebene Energie gilt es aber unbedingt laufend zu ersetzen. Solches fordert der Grundsatz der Energiebilanz im Betriebsstoffwechsel, den die Biologie (näherhin die Vegetative Physiologie) wissenschaftlich begründen kann. Dies ist die *körperliche Last* der Arbeit.

(3) Zweitens: neben dem leiblichen Energieverbrauch für die Lieferung von Arbeit gilt es auch den Einsatz und die Vernutzung geistiger Energie zu berücksichtigen. Das bewußte, zielbestimmende und mittelwählende Handeln im Wirtschaftsprozeß unserer Tage besteht vorwiegend in geistiger Arbeit, nämlich darin, Urteile und Schlüsse zu bilden. Diese müssen in Verantwortung auf Gegebenheiten und Abläufe der betrieblichen Umwelt angewendet werden. Dies ist die *geistige Last* der Arbeit.

(4) Drittens: der arbeitende Mensch muß eine Minderung an Ruhe, Freiheit und Glück in Kauf nehmen. Diese Aussage geht auf *Adam Smith* (1723-1790) zurück, den Begründer der klassischen Nationalökonomik. Verzicht auf Ruhe meint, daß sich der Arbeitende ermüdender Tätigkeit hingeben muß. Opfer an Freiheit bringt zum Ausdruck, daß sich Einzelne in Abhängigkeiten schaffende soziale Güterbeschaffung eingliedern müssen. Glücksschmälerung sagt aus, daß beim Arbeiten eine Unlust entsteht. Man muß der Bequemlichkeit (als Wunsch, in Ruhe gelassen zu werden) zuwiderhandeln. Dies ist die *empfindliche* (das Gemüt beeinträchtigende) *Last* der Arbeit. Man könnte diese freilich auch den beiden erstgenannten Arten sinnvoll zuordnen.

(5) Nun wird der Lehre von der Arbeitslast entgegengehalten, sie übersehe oder verkenne die in jedem Menschen angelegte *Freude am Schaffen*. Arbeit sei eine wesentliche Triebkraft zur menschlichen Selbstverwirklichung. – Diese Aussage widerlegt jedoch nicht die Tatsache des Arbeitsleids. Denn nur in Ausnahmefällen wird Arbeit in jener freudigen Lust vollzogen, die persönliche Erfüllung begleitet. Sicher ist Arbeit nicht *bloßhin* Leid. Sie wird aber doch

weithin als Last empfunden. In Wahlentscheidungen zieht man die Freizeit der Arbeit in aller Regel vor.

4. Recht und Pflicht zum Wirtschaften

(1) Abhängigkeit von den Gütern, deren mengenmäßige und gütemäßige Knappheit sowie „Arbeitsleid" prägen den Lebenslauf eines jeden Einzelnen. Er muß in jeder Kulturstufe einen Gutteil seiner Wachzeit (Lebenszeit abzüglich der existenznotwendigen Schlafzeit) zum Wirtschaften verwenden. Anders gesehen: das Einzelgut des Menschen (als nächstes Zielgut) ist in erster Linie über den dauernden *Umgang mit knappen Mitteln* erreichbar. Zur Erlangung der Selbstverwirklichung ist das Wirtschaften *die Grundvoraussetzung* schlechthin.

(2) Als Sollensaussage (Norm) folgt daraus zunächst, daß der Mensch die zur Erhaltung seines Lebens notwendigen Güter beschafft. Er ist *zum Wirtschaften verpflichtet*. Er hat sein Eigenwohl (als zum nächsten Ziel seines Seins hinleitende Lebensgestaltung) selbst so zu bestimmen und einzurichten, daß er zumindest die zur Existenzerhaltung notwendigen Güter erwirbt. – Andererseits ist jedem das *Recht* zu gewähren, für seine Bedürfnisbefriedigung *selbst zu sorgen*. Beide Aussagen fassen das in bezug auf die Ökonomie genauer, was zuvor als soziale Verpflichtung für den Einzelnen abgeleitet wurde. Mit analoger Begründung folgt auch hier wieder die *Verbindlichkeit der „Goldenen Regel"*.

(3) Der im vorletzten Abschnitt gebrauchte Ausdruck *Kultur* bezeichnet einen zusammengesetzten Begriff (Komplexbegriff). Er enthält sehr viele, in unterschiedlicher Beziehung zueinander stehende Merkmale. Daher ist er einer logisch einwandfreien (strengen) Definition unzugänglich. *Allgemein* versteht man unter Kultur die Veredelung der Natur (als der erdhaften Umwelt) durch den Gebrauch von Werkzeugen und den gestaltenden Willen des Menschen.

(a) Als *Bestands*begriff meint man mit Kultur die angesammelten Vorräte geistiger und stofflicher Art, in denen sich menschlicher Geist und menschliche Naturbeherrschung vergegenständlicht (objektiviert) hat, und die Menschen ererben, umwandeln, vermehren, ergänzen sowie wieder weitergeben. Diese Vorräte selbst nennt man *Kulturgüter* und teilt sie ein nach *Kultursachbereichen* in Werke der Kunst, Wissenschaft, Religion, Musik, Wirtschaft usw.

(b) Als *Mittel*begriff (in instrumentaler Betrachtung) versteht man unter Kultur *Einrichtungen* (Institutionen) innert einzelner Sachbereiche; etwa: Museen, Galerien, Schulen, Kirchen, Konzertsäle usw.

(c) In enger Bedeutung als *Vollzugs*begriff nennt man die Lebensweise einer Gesellschaft gesamthaft, den Inhalt der sozialen Beziehungen Kultur. In diesem Sinne enthält Kultur sämtliche Normen, Verhaltensregeln, Sitten und Gebräuche, alltägliche Auffassungen, durchschnittlichen Stimmungslagen für wesentliche Anlässe (Geburt, Hochzeit, Tod; Feste im Jahr, wie etwa Weihnachten), die einer Gesellschaft ein erkennbares Gepräge verleihen.

(d) Bei der allgemeinen Definition waren die vom Menschen eingesetzten *Werkzeuge* als Merkmal genannt. Der Werkzeuggebrauch dient als Einteilungsgrund der Kultur in Zeiten. Je nach *Werkstoff* unterscheidet man dann die Steinzeit, Bronzezeit und Eisenzeit. – Weitere Unterteilungen, auch nach der *Form der Werkzeuge* (etwa: Keil, Rad) sind gebräuchlich.

(da) Nach dem *Inhalt* der gestalteten Kulturgüter (genauer: nach dem Veredelungsgrad der Natur) werden *Frühkulturen* von *Hochkulturen* unterschieden. – Die *Träger* der Kultur sind *Kulturvölker* im Unterschied zu *Naturvölkern*, die man der *Primitivkultur* zurechnet und die von der Völkerkunde erforscht werden.

(db) Diese Wissenschaft stellte verschiedene *Kulturtheorien* auf, in denen sie die Probleme des zeitlichen *Kulturwandels* und der räumlichen (gesellschaftlichen) *Kulturkreise* untersucht. Ihre Ergebnisse sind auch für die Wirtschaftsgeschichte von Bedeutung.

(e) *Subkultur* (Unterkultur) nennt man die Eigenkultur (kleinerer) Gruppen, die innert einer Gesellschaft mit ihrer Gesamtkultur leben. Gemeint ist Kultur hierbei in erster Linie als Vollzugsbegriff (Lebensweise). Angehörige der Subkultur nehmen an der Gesamtkultur (Standardkultur) infolge gruppeneigener Besonderheiten nicht zur Gänze teil; etwa: Jugendliche, Ausländer. Es handelt sich also um eine *Sonderkultur*, die unter der Decke einer sie umfassenden Standardkultur lebt. Sie setzt für die von ihr umfaßten Personen besondere Verhaltensmuster. Der Begriff drückt ein *Sachurteil* aus, kein Werturteil. – Wirtschaftliche Subkulturen (etwa: genossenschaftlich Verbundene, „Alternative") haben das gesellschaftliche Leben stets angeregt und auch die Ökonomik befruchtet.

(f) *Zivilisation* gilt als Beziehungsbegriff, meistens sogar als Korrelationsbegriff zu Kultur. Danach versteht man unter Zivilisation die Ergebnisse der fortschreitenden Naturbeherrschung sowie das Resultat der (vor allem durch Technik, Medizin, Chemie und Wirtschaft bewirkten) verbesserten Durchdringung und Verfeinerung des Lebens. – Zivilisation in diesem Sinne ist – im *Gegensatz* zu der einer bestimmten Gesellschaft (Volk, Land) unverwechselbar zugehörigen *Kultur* – grundsätzlich auf alle Länder, Völker und Rassen übertragbar. Mit *Kultur* wird also vornehmlich etwas *Inneres*, mit *Zivilisation* hingegen etwas *Äußeres* angesprochen.

Übersicht 14

Der Begriff Kultur

---

ist sowohl ein inhaltlich großer Erfahrungsbegriff als auch ein unterschiedlich gemachter Begriff (Vernunftbegriff). Er entzieht sich von daher einer strengen, vollständigen Definition. Kultur weist im wesentlichen vier Merkmalsschwerpunkte auf.

Allgemein: Die Veredelung der Natur (als der erdhaften Umwelt) durch den Gebrauch von Werkzeugen und den gestaltenden Willen des Menschen.

Bestandsbetrachtung: Die angesammelten Vorräte geistiger und stofflicher Art, in denen sich menschlicher Geist und menschliche Naturbeherrschung vergegenständlicht (objektiviert) hat, und die Menschen ererben, umwandeln, vermehren, ergänzen sowie wieder weitergeben. – Die Vorräte selbst heißen Kulturgüter. Sie werden nach Kultursachbereichen in Werke der Kunst, Wissenschaft, Religion, Wirtschaft, Technik usw. eingeteilt.

Mittelbetrachtung: Einrichtungen innert einzelner Sachbereiche, in denen sich hauptsächlich Besitz, Pflege, Erarbeitung und Vermittlung von Kultur im Sinne der Gegenstandsbetrachtung ereignet, wie: Museen, Konzertsäle, Bibliotheken, Schulen, Kirchen, Denkmäler usw.

Vollzugsbetrachtung: Die Lebensweise einer Gesellschaft als dem Inhalt der sozialen Beziehungen gesamthaft. Alle Normen, Verhaltensregeln, Gebräuche, alltägliche Auffassungen, durchschnittliche Stimmungslagen für besondere Anlässe (wie: Geburt, Hochzeit, Tod; Festtage), die einer Gesellschaft ein erkennbares Gepräge verleihen.

Subkultur nennt man die Eigenkultur (kleinerer) Gruppen, die innert einer Gesellschaft mit bestimmter Gesamtkultur (Standardkultur) leben; etwa: Jugendliche, Ausländer.

Zivilisation heißt das Ergebnis der fortschreitenden Naturbeherrschung sowie das Resultat der (vor allem durch Technik, Chemie, Medizin und Wirtschaft bewirkten) verbesserten Durchdringung (Rationalisierung) und Verfeinerung des Lebens.

II. Gesellschaftsbezogene Normen

(1) Aus der Tatsache der zwanghaften Gebundenheit des Einzelnen an die Güter (*Seins*aussage) wurde ein Recht und eine Pflicht zum Wirtschaften (*Sollens*aussage) hergeleitet. Nun steht aber der Mensch nicht als Einzelner der Natur (Schöpfung) gegenüber und ringt dieser ihre Schätze ab, wie etwa *Robinson*. Vielmehr geschieht die Güterbeschaffung im sozialen Verband. Ja, es ist unbestreitbar die menschliche Gesellschaft vorwiegend eine ,,Wirtschaftsgesellschaft". Denn die *Güterbeschaffung* zur fortwährenden Bedürfnisbefriedigung, die *Unterhaltssicherung*, ist für jedes Mitglied der Gesellschaft die dringendste Aufgabe und daher nächstes Einzelgut. *Beim* Wirtschaften und *im* Wirtschaften werden soziale Beziehungen wirksam, und zwar in der Regel wohl dauerhafter und nachhaltiger als bei der Verfolgung anderer Zielgüter.

(2) Das Gemeingut der Wirtschaftsgesellschaft ist zunächst (im engeren ökonomischen Sinne, ohne Berücksichtigung der ja auch erstrebten Kulturgüter) eine Menge von *Gütern*. Diese unterteilt man nach ihrer Gegenständlichkeit in *Waren* (faßbar, greifbar) und *Leistungen*. Wirtschaftliche Güter gilt es derart zu erreichen, daß jeder Einzelne gleichzeitig sein Privatgut erhält. Ein solches Ziel kann aber nur bewältigt werden, wenn die Wirtschaftsgesellschaft entsprechend verfaßt ist: wenn das *Gemeinwohl* zweckmäßig eingerichtet wird. Es gilt näherhin, sowohl den *organisatorischen Wert* (sinnentsprechende Gliederung der Wirtschaftsgesellschaft) als auch den *organisierenden Wert* (alle zur Hinarbeit auf das gemeinsame Ziel der Güterbeschaffung zusammenzuführen, sie zu motivieren) des Gemeinwohls in die Tat umzusetzen. Es muß mit anderen Worten eine zweckentsprechende *Wirtschaftsordnung* ausgestaltet werden.

(a) Wirtschafts*system* nennt man die theoretische, von der besonderen Ausformung in der Wirklichkeit unabhängige (also lediglich gedachte) Gliederungsform einer Wirtschaftsgesellschaft. *System* meint dabei eine Menge, deren Elemente (Einzelteile) in einem Geflecht von Beziehungen miteinander verknüpft sind.

(b) Wirtschafts*ordnung* heißt die in die Wirklichkeit umgesetzte Ausprägung eines Wirtschaftssystems. – Wirtschafts*verfassung* bezeichnet die in einzelnen Wirtschaftsgesellschaften (Volkswirtschaften bzw. miteinander stärker oder schwächer verbundene Nationalwirtschaften, wie die Europäische Gemeinschaft) gültigen Rechtsregelungen. Es handelt sich also um den juristischen Korrelatbegriff zur Wirtschaftsordnung.

1. Organisationsmöglichkeiten

(1) Wie läßt sich das Gemeingut der Wirtschaftsgesellschaft am besten erreichen? Oder anders ausgedrückt: wie ließe sich das soziale Wirtschaften zielleitend organisieren? Auf diese Frage werden zwei grundsätzlich entgegengesetzte Antworten erteilt.

(2) Einmal könnte man den Ablauf gesamthaft *von einer Stelle aus vorschreiben* und überwachen. Ein solches Wirtschaftssystem nennt man *zentralgeleitete Verwaltungswirtschaft* (Zwangswirtschaft). Eine Autorität (Planbehörde) ordnet an, welche Güter wann, wo, wie und von wem zu erzeugen sind (Planauflagen). Sie bestimmt auch, wer, wann und wieviele Güter zugeteilt erhält (Rationierung). Die Befehle der Planbehörde sind verbindlich. Gegen Widerstrebende werden sie durch Zwang und Bestrafung durchgesetzt.

(3) Zum anderen ist es möglich, daß sich die zur Güterbereitstellung notwendigen Schritte *von selbst steuern.* Man spricht diesfalls von der *freien Verkehrswirtschaft* (Marktwirtschaft). In ihr entscheiden Betriebe und Haushalte selbstbestimmend über Herstellung und Verbrauch. Beide zielen auf ihr *Einzelgut* ab; sie lassen sich also von ihrem eigenen Bedacht handlungsbestimmend leiten. Unternehmen stellen ein Güteranbot bereit; Haushalte treffen eine Wahl über ihre Güternachfrage. Anbieter und Nachfrager begegnen sich auf Märkten. Im *Wettbewerb* untereinander und mit der anderen Marktseite bringen sie ihre Absichten zur Deckung. Das soziale Wirtschaften vollzieht sich als ein System von einander abhängiger, vermaschter Handlungen aus Zielentscheidungen Einzelner. Der *Markt* stimmt über *Preise* die in den Wahlhandlungen zum Ausdruck kommenden Erwartungen mit den tatsächlich eingetretenen Gegebenheiten aufeinander ab.

(a) *Bereitstellung* (Allokation) der Güter meint alle zur Beschaffung von Waren und Leistungen erforderlichen Maßnahmen gesamthaft; also in der Regel von der Gewinnung über die Bearbeitung, Verarbeitung bis hin zur Lieferung an die Haushalte. – *Zwang* liegt vor, wenn jemand durch Drohung zu einem Verhalten veranlaßt wird, das von seiner anfänglichen Absicht abweicht. Zwang wird von Personen in unterschiedlichem Maße als Hemmnis und Last empfunden.

(b) *Wettbewerb* (Konkurrenz) heißt, daß sich viele um die Erreichung eines Ergebnisses bemühen. Jedoch wird dieser Endpunkt nur von den Besten oder dem Besten erreicht. – Wettbewerb hat vor allem drei Wirkungen. Erstens: eine *Ansornfunktion.* Viele, die zur Erreichung eines Zieles grundsätzlich fähig sind, werden zur Höchstleistung angeregt. Zweitens: eine *Bestimmungsfunktion.* Aus dem Ergebnis der Wettbewerbshandlungen läßt sich objektiv feststellen, wie ein Ziel am sparsamsten erreichbar ist. Drittens: eine *Auslesefunktion.* Diejenigen, welche das gesetzte Ziel bestmöglich erreichen können, werden aus einer Vielzahl von anderen (als die Ersten, Zweiten, etc.) ausgesucht.

Übersicht 15

Vorgestellte sozialökonomische Begriffe

Wirtschaftssystem: die theoretische, lediglich gedachte und von der besonderen Ausformung der Wirklichkeit unabhängige (mithin also idealtypische: als gedanklicher Maßstab dienende) Gliederungsform einer Volkswirtschaft, sowohl gesamthaft als in ihren Bereichen (etwa: Geldwesen, Unternehmensverfassung).

Wirtschaftsordnung: die in die Wirklichkeit umgesetzte Ausprägung eines Wirtschaftssystems; Einrichtungen des Gemeinwohls zur Erreichung wirtschaftlicher Güter unter organisierender Hinsicht (alle zur Hinarbeit auf das gemeinsame Ziel der Güterbeschaffung zusammenzuführen und zusammenzuhalten) als auch unter organisatorischer Hinsicht (zielleitende Gliederung der Wirtschaftsgesellschaft).

Wirtschaftsverfassung: die in einzelnen Volkswirtschaften gültigen, in Verfassung, Gesetzen und Rechtsverordnungen enthaltenen und auf das Wirtschaften bezogenen Rechtssätze; juristischer Korrelatbegriff zur Wirtschaftsordnung.

Wettbewerb: mehrere bemühen sich um die Erreichung eines Zieles, jedoch nur einer (einige) erlangen dieses. Wettbewerb (*Konkurrenz*, im alten Schrifttum auch *Ämulation*) hat allgemein drei Aufgaben, nämlich eine

Anspornfunktion: viele, die zur Erreichung eines Zieles grundsätzlich fähig sind, werden zur Leistung angeregt;

Bestimmungsfunktion: aus dem Ergebnis des Wettbewerbs läßt sich objektiv feststellen, wie ein Ziel bestmöglich erreichbar ist;

Auslesefunktion: diejenigen, welche das gesetzte Ziel am besten erreichen können, werden aus einer Vielzahl von anderen eindeutig ausgesucht.

(c) *Erwartungen* meint hier gegenwärtige Vorstellungen über wirtschaftliche Gegebenheiten der Zukunft. Man teilt sie nach dem Sicherheitsgrad (mit dem die gegenwärtigen Vorstellungen auf die künftigen ökonomischen Verhältnisse bezogen werden) in *sichere* und *unsichere*. Läßt sich der Sicherheitsgrad in einem rechenhaften Wert ausdrücken, so handelt es sich um *einwertige* Erwartungen, alle anderen sind *mehrwertige*. Weitere Einteilungsmerkmale sind die Fristigkeit der Erwartungen, die Träger der Erwartungen (etwa: Hersteller, Verbraucher) und der engere Gegenstand der Erwartungen (etwa: Preise, Wechselkurse).

(4) Es liegt klar auf der Hand, daß das System einer zentralen Planung des Wirtschaftsprozesses (*Wirtschaftsprozeß* verstanden als die sich stets wiederholende Tätigkeit der Bereitstellung und des Verbrauchs von Gütern) dem *Subsidiaritätsprinzip* als verbindlicher Gliederungsform eines jeden Sozialgebildes stracks zuwiderläuft. Es widerspricht aber auch dem *Solidaritätsprinzip*. Denn die Durchsetzung der zentralverwaltungswirtschaftlichen Befehle kann bloß über eine *Diktatur* erreicht werden. Damit wird aber die Subjektstellung der Person unterdrückt, welche das Solidaritätsprinzip fordert. Allenfalls in Notfällen (etwa: Erdbeben, Krieg) wäre ein solches Wirtschaftssystem unter vielerlei Einschränkungen ethisch zulässig.

2. Soziale Marktwirtschaft

(1) Das System der freien Verkehrswirtschaft als Wirklichkeitsgestaltung widerspräche dem *Solidaritätsprinzip*. Denn der geforderte Beistand des Ganzen für das nicht leistungsfähige Glied (etwa: Kinder, Kranke, Alte) bliebe unberücksichtigt. Es bedarf daher das System der freien Verkehrswirtschaft einer sozialen Ergänzung, um als wirklichkeitsgestaltende Ablaufregelung normentsprechend zu wirken. Die so gewonnene *Soziale Marktwirtschaft* ist als Wirtschaftsordnung derzeit in den meisten Staaten der westlichen Welt in verschiedener einzelner (von der jeweiligen Wirtschaftsverfassung vorgezeichneter) Form verwirklicht.

(2) Versteht man den Begriff *sozial* als *gemeinwohlfördernd*, so hat die Soziale Marktwirtschaft eine ganze Reihe solcher Merkmale. Erstens: Güter (Waren und Leistungen) werden in *höchstmöglicher Menge und Güte* nach den *Verbraucherwünschen*, also nach den Zielgütern der Einzelnen bereitgestellt, und nicht nach dem Gutdünken einer Planbehörde. – Zweitens: zugunsten der wirtschaftlich Schwächeren greift der Staat durch *Einkommensumverteilung* (etwa: progressive Besteuerung, Kindergeld, Mietbeihilfen) ein. – Drittens: das Gemeinwohl als organisierende Kraft wird durch *Konkurrenz*, nicht durch dauernde, den Einzelnen bevormundende Befehle, erreicht. Den Wettbewerb bewahrt die Rechtsordnung (Wirtschaftsverfassung) durch verschiedene Bestimmungen vor Unlauterkeit und allfälligem Ausufern. – Viertens: zur Regelung der Leistung des Gemeingutbeitrags seitens des Einzelnen (Gemeinwohl als organisatorischem Wert) dient *Gewinn*, nicht ein einzelwohlwidriger Zwang. Er veranlaßt die Personen, tätig zu werden

bzw. sich zurückzuziehen, um sich der Vermehrung des Anbots auf anderen Märkten zuzuwenden. — Fünftens: das *Existenzminimum* (Mindesteinkommen, das zur Bestreitung des Daseins einer Person oder einer Familie unter den obwaltenden ökonomischen und zivilisatorischen Gegebenheiten unbedingt notwendig ist) wird dem Einzelnen durch *staatliche Unterstützung* gesichert. Kranke, Schwache, Alte und Kinder sind damit vom gesellschaftlichen Wirtschaften freigestellt. Das Ganze tritt so für den Einzelnen solidarisch ein. — Sechstens: um den ungehinderten, friedlichen Austausch tunlichst zu gewährleisten, *sichert* der Staat den *Marktverkehr* durch entsprechende Rechtsvorschriften. Damit werden weniger Bewegliche, Unerfahrene, Täppische, Unbesonnene und andere schwache Glieder der Gesellschaft vor Schäden (etwa: durch irreführende Werbung, bei Abzahlungsgeschäften, im Grundstücksverkehr) geschützt.

(3) Die Soziale Marktwirtschaft als „zweitbeste" (nächst der nur denkbar möglichen besten) Wirtschaftsordnung versucht eine *sinnvolle Gleichstellung* von Privatwohl und Gemeinwohl, einen Ausgleich zwischen Freiheit und Zwang zu erreichen. Auch ist sie nicht starr, sondern paßt sich jedwelcher Veränderung (etwa in der Technik, in den Geschmacksrichtungen der Verbraucher) allsogleich an. Sie erbringt im Vergleich zu jeder anderen Ordnung eine Vielzahl von Vorteilen. Diese sind in der volkswirtschaftlichen Fachliteratur im einzelnen näher beschrieben.

(4) Zusammenfassend läßt sich feststellen, daß die Ordnungsform der Sozialen Marktwirtschaft den aus den Seinswirklichkeiten des Einzelnen und der Gesellschaft abgeleiteten Normen am ehesten entspricht. Nach dem heutigen Stand des Wissens und der Erfahrung steht eine andere, bessere Steuerung des Wirtschaftsprozesses nicht zur Wahl. Das aber schafft eine *Verpflichtung* für die Einzelnen und die Sozialgebilde, vor allem die mit (vorwiegend) ökonomischem Zielgut (etwa: Unternehmen, Wirtschaftsverbände, Gewerkschaften). Sie haben die *Pflicht*, nach Kräften zur Ausgestaltung, Verbesserung und Vervollkommnung der Sozialen Marktwirtschaft einläßlich beizutragen. Weil mit der Entscheidung über die Wirtschaftsordnung auch eine Wahl über die Regelung sämtlicher anderer Lebenskreise innert einer Gesellschaft gefällt wird (*Interdependenz der Ordnungen*), liegt hierin eine besondere, weitläufige *Verantwortung*.

(5) Es ist unmittelbar einsichtig, daß die biologische Abhängigkeit des Menschen vom Güterverbrauch, die Knappheit der Güter sowie die Mühewaltung zu deren Erwerb *wesensmäßig vorgegebene Tatsachen* sind. Sie liegen im menschlichen Sein sowie in den vorgefundenen Gesetzmäßigkeiten der Schöpfung begründet. Erklärbar sind sie nur theologisch oder philosophisch. — Wider alle Erfahrung und Vernunft finden aber immer wieder Lehren Anhänger, die solche Unwiderlegbarkeiten *leugnen*. Man wähnt dann, durch eine

andere, auf mehr oder minder harschem Zwang begründete *Wirtschaftsordnung* zu paradiesischen Zuständen kommen zu können. Alle scharen sich verzückt um einen Führer oder folgen begeistert den Weisungen der kommunistischen Partei. Willig unterwerfen sie sich einer totalen Diktatur, die ihnen (kennzeichnend für jede Ideologie) die goldene Zukunft verspricht, derweil sie ihren eigenen Tod aus den Augen verlieren. Es gehört zu den großen Welträtseln, daß solches stets wieder und immer noch geschieht.

E. Überzeugungskraft sozialwissenschaftlicher Normen

(1) Die Grundsätze der Personenrechte und der „Goldenen Regel" in bezug auf den Einzelnen sowie der Solidarität und Subsidiarität in Hinblick auf die Gesellschaft haben als unmittelbar aus Seinsaussagen folgende Urteile die Eigenschaft von *Postulaten*. Sie bilden als *Prinzipien* der Sozialethik die Ausgangslage für bestimmte, auf Sachverhalte der Wirklichkeit bezogene Verhaltensregeln. Zwischen dem Postulat (gleichsam als sofort einsichtigem Ursatz) und der daraus abgeleiteten einzelnen Norm liegen in aller Regel eine Reihe von Schlüssen verschiedener Art. Zumeist handelt es sich um hypothetische Syllogismen sowie um unvollständige Induktionsschlüsse. In diese müssen Tatsachen der sozialen (wirtschaftlichen) Realität eingehen, die oftmals sehr schwer durchschaubar sind. Denn erstens zeigen sie sich als sachlich äußerst *vielgestaltig*; sie müssen daher unter mehreren Hinsichten fachwissenschaftlich erklärt werden (etwa: betriebswirtschaftlich, juristisch, volkswirtschaftlich, politologisch, soziologisch, technisch). Zweitens handelt es sich zumeist um *Prozesse*, nämlich um ein sich ständig änderndes, neue Formen suchendes und annehmendes Ablaufgeschehen. Als Beispiel seien Warentermingeschäfte genannt. Die Folge davon ist, daß aus Postulaten abgeleitete Einzelnormen häufig nur *geringe Überzeugungskraft* haben. Hinzu tritt, daß derartige, auf bestimmtes Geschehen im sozialen Feld bezogene Forderungssätze aufgrund inzwischen bereits eingetretener *sachlicher Veränderungen* (teilweise) nicht mehr anwendbar sind. Daher können sie auch nicht mehr gültig, das heißt verpflichtend, sein.

(a) Das gleiche Problem zeigt sich in jeder („positiven", nämlich die Tatsachen beschreibenden) Sozialwissenschaft. So ist das Axiom unbestritten, daß zusätzliche Investitionen Quelle des wirtschaftlichen Wachstums sind. Von diesem unmittelbar gewissen Urteil bis zur fachwissenschaftlichen Erklärung bestimmter Wachstumsvorgänge ist es aber ein sehr weiter und gedanklich äußerst schwer zu beschreitender Weg. Die volkswirtschaftliche Wachstumstheorie wird dadurch — selbst für den Fachmann — recht unübersichtlich.

Übersicht 16

Soziale Marktwirtschaft

Allgemein: Versuch einer sinnvollen Zuordnung von Privatwohl und Gemeinwohl über einen leicht gangbaren Weg mit möglichst viel Freiheit und möglichst wenig Zwang zu erreichen. Sie gilt als die „zweitbeste" Gliederungsform einer Wirtschaftsgesellschaft.

Gemeinguterreichung: Der organisierende Aspekt des Gemeinwohls (alle zur Hinarbeit auf das Ziel der Güterbeschaffung zusammenzuführen, sie zu bewegen, zu motivieren und anzueifern) geschieht durch Wettbewerb und Gewinnanreiz. Der organisatorische Aspekt des Gemeinwohls (zielleitende Verfassung der Wirtschaftsgesellschaft) geschieht in erster Linie durch die Einrichtung von Märkten als Koordinatoren und über Preise als Regulatoren.

Subsidiaritätsbezug: Die Wirtschaftsgesellschaft ist in selbstbestimmend handelnde Unternehmen und Haushalte gegliedert. Unerwünschte Vermachtung verhindert die Wirtschaftsverfassung (Kartellverbot).

Solidaritätsbezug: Die soziale Marktwirtschaft ist insoweit sozial im Sinne von gemeinwohlfördernd, als sie
(1) die Einzelnen zur Hinarbeit auf das Ganze leitet;
(2) die höchstmögliche Gütermenge
(3) in passender Qualität (in gewünschten Gütestufen)
(4) nach den Verbraucherwünschen bereitstellt; dabei
(5) die Naturgaben sparsamst nutzt (möglichst kostengünstige Technik einsetzt); durch
(6) Einkommensumverteilung Schwächere unterstützt;
(7) das Existenzminimum im Rahmen der Sozialpolitik allen Einzelnen sichert und
(8) Mißbrauch von Marktverkehr weitgehendst verhindert.

Die aus aneinandergereihten Urteilen und zusammengesetzten Schlüssen (Gedankenmodellen) meist mit Hilfe der Mathematik erkannten Endurteile haben deswegen geringe Überzeugungskraft. Zudem gibt es auch aus dem Axiom: „Die Investition ist Quelle des Wachstums" *nicht bloß eine einzige* wachstumspolitische Empfehlung. Vielmehr werden daraus sehr viele, sich teilweise gar *widersprechende* Schlußfolgerungen abgeleitet. – Das ist leicht zu erklären. Denn auf dem Weg vom Axiom zum Endsatz müssen ständig Wahrscheinlichkeitsschlüsse unterschiedlicher Beweiskraft eingeführt werden, die über die jetzige oder künftige *Verhaltensweise* von Wirtschaftseinheiten Aussagen enthalten. Wie aber bei einem bestimmten Zusammentreffen der Umstände Haushalte, Unternehmen und auch der Staat sich *tatsächlich* verhalten werden, das ist nie mit letzter Sicherheit im voraus zu erkennen (*mehrwertige* Erwartungen).

(b) Bei Normen tritt noch eine zusätzliche Schwierigkeit auf. Definitionsgemäß sind sie ja immer *handlungsanweisend*: sie legen fest, was zu tun und zu lassen ist. Die normentsprechende Handlung bedarf jedoch der *Willensentscheidung*. Verstößt nun eine von der Sozialethik abgeleitete Norm *gegen die Interessen* (selbstsüchtige Ziele zum Vorteil bloß einer Gruppe oder der eigennützigen Habgier) *des Handelnden*, so ist er geneigt, sich auf mangelnde Beweiskraft der Norm zu berufen, um bei seinem (von der Ethik verworfenen) Tun zu bleiben. Solcher Widerstand tritt zwar auch bei fachwissenschaftlicher („positiver", nämlich nicht-normativer) Beweisführung auf; und der abweisende Satz: „Das ist doch graue Theorie!" ist so alt wie die Menschheit. Aber im Falle normativer Urteile ist solche Haltung erfahrungsgemäß häufiger. Denn der Ablehnende kann sich auf eine angeblich bessere Gewissenseinsicht (unter gewissen Umständen gar auf den schieren Interessenstandpunkt, etwa: das Recht des Stärkeren) berufen und so sich bemänteln. Der Theoriefeind hingegen gibt sich als fachwissenschaftlich ungebildet und uneinsichtig zu erkennen.

I. Negation einer Negation

(1) Die Herleitung bestimmter einzelner Handlungsanweisungen aus den Postulaten (als den Ursätzen) ist schwierig. Sie bedarf immer eines engen *Zusammenwirkens* von sozialethischem Sachverstand und einschlägigem Fachwissen. Jedoch ist eines ziemlich leicht zu vollziehen, und darin liegt der *Trumpf der Sozialethik*. Es ist dies die „*Negation einer Negation*". Sobald eine wirkliche (gegebene, „positive") Regelung gegen die ethischen Prinzipien verstößt, dann vermag diese Mißachtung der Postulate als Verletzung unbedingt gültiger Grundsätze festgestellt und gerügt zu werden. Damit ist immer eine klare Grenzziehung zum Un-Menschlichen und Gesellschafts-Widrigen möglich. Die Postulate der Ethik bilden also in jedem Falle einen unzweideutigen, sofort anlegbaren Maßstab. Sie sind als Grenzmarken *praktische Wertweiser*.

(2) Selbst wenn 99,8 % der Stimmbürger dafür sind, „Schädlinge des Sozialismus" zu liquidieren, oder wenn sich alle beeilen, das „Führerprinzip" auf die Wirtschaft zu übertragen (auch eine stattliche Anzahl der im „Dritten Reich" tonangebenden Ökonomen tat sich darin durch besondere Eilfertigkeit hervor!), so bleibt dies eine unschwer erkennbare Negation (verneinende Mißachtung) ethischer Prinzipien. Die Zuwiderhandlung gegen das Postulat läßt sich *klar als solche erkennen*, und zwar durch *unmittelbaren Vergleich* der Wirklichkeit mit dem Grundsatz.

(3) Noch so viele begründende Beweise vermögen ein Negationsurteil zu verhindern. Das kann selbst eine 99-Perzent-Mehrheit als „Zeitgeist" nicht. Die Folgerung daraus ist, daß sogar unter den außerordentlichen Bedingungen eines abgestumpften Gruppengeistes oder eines aus der Art geschlagenen „Zeitgeistes" (bei der Mehrheit anzutreffende Einstellungen; den in einer geschichtlichen Zeit vorherrschenden gleichartigen Denkstil) das *Gewissen* des Einzelnen stets Recht und Unrecht, gut und bös: die *Negation des Ursatzes* (Postulats) erkennen müßte. Die Verantwortung des Einzelnen zu pflichtgemäßem Handeln bleibt aus diesem Grunde auch unter diesen Umständen bestehen.

II. Konsens und Koexistenz

(1) Ein Anerkennen der vier genannten ethischen Prinzipien innert einer Gesellschaft macht alle Gruppen auf die Dauer konsensfähig. Man versteht unter *Konsens* (Grundübereinstimmung) die Möglichkeit, widerstreitende Entscheidungsfragen auf gemeinsam von allen anerkannte ethische Postulate zurückzuführen und von da aus schrittweise zu den strittigen Problemen vorzudringen. Mit Einzelnen und Gruppen, die diese Postulate *nicht* anerkennen, ist bloß eine *Koexistenz* möglich. Darunter versteht man die friedliche, geregelte gegenseitige Abgrenzung von Gesellschaften mit widerstreitenden ethischen Prinzipien.

(2) Koexistenz ist die Grundlage des Nebeneinanders von Gesellschaften, die durch *totalitäre Ideologien* beherrscht werden, einerseits und die vier Prinzipien anerkennende Gesellschaften andererseits. Zeitgenössisch handelt es sich bei den totalitären Ideologien vor allem um den *Kommunismus* und den *Nationalsozialismus* (Faschismus).

(a) Beide leugnen die Personalität des Einzelnen. Sie sehen ihn bloß als Glied, als ein Teilchen der Gesellschaft. Diese kann, muß aber nicht, dem Einzelnen Rechte einräumen. Ebensogut darf sie die eingeräumten Rechte auch jederzeit wieder entziehen (*Grundrechtsdissens*). Eine Handlung ist dann gut (bös), wenn sie der Gesellschaft dient (schadet). Die Partei (der Führer) hat die entsprechende Feststellungsbefugnis (*Relativierung der „Goldenen Regel"*).

(b) Der Staat, die Wirtschaft, das Erziehungswesen und das gesellschaftliche Leben überhaupt sind von einer Idee her zu lenken (*Gleichrichtung*, bzw. „Gleichschaltung" in den Fällen vorgefundener Sozialgebilde). *Idee* meint dabei den kommunistischen bzw. nationalsozialistischen Geltungszusammenhang. Dieser hat alle Anzeichen einer Religion und sichert sich gegen Kritik durch unwirkliche Zukunftsbilder ab (kommunistisches „Paradies der Werktätigen", nationalsozialistisches „Tausendjähriges Reich"). Von der Ideologie

Übersicht 17

Totalitäre Ideologie

Definition. Totalitäre Ideologie ist eine in sich mehr oder minder stimmige Zusammenfassung von Wertvorstellungen, sinndeutenden Erklärungen und darauf bezogenen zielbeschreibenden Aussagen (= A, Hauptmerkmal) für sämtliche Lebensbereiche (= b, näheres Merkmal), der alleinig und ausschließlich Richtigkeit und Wahrheit zuerkannt wird (= c, nächstnäheres Merkmal), der auf diesem Wege Gemeinsamkeiten zu schaffen versucht (= g), dabei aber Andersdenkende grundsätzlich als Feinde betrachtet (= f) und gegen diese, wo er sich in Macht gebracht hat, tätlich vorgeht (= e). Der vertretene Sinnzusammenhang reicht zumindest teilweise in fernliegende (in einer Generation nicht zu bewältigende) Ziele (= d).

Geschichtliche Formen. Im Mittelalter die christliche Kirche und der Islam. In neuester Zeit (wesentlich verstärkt) der Nationalsozialismus und der Kommunismus (Marxismus-Leninismus).

Grundlehren. Uneingeschränkter Verfügungsanspruch gegen die von der Ideologie Beherrschten. Keine Grundrechte des Einzelnen. Völlige Identität von Regierung und Regierten (Gleichrichtung und Gleichschaltung). Jede Handlung ist gut (bös), die der ideeprägenden Zielrichtung dient; Feststellungsbefugnis darüber hat ein Einzelner (Papst, Kalif, Führer) oder eine Gruppe (obere Funktionairsschicht einer Partei). Zentralplanwirtschaft mit der Begründung, durch Ausschaltung „falscher Bedürfnisse" ein besseres volkswirtschaftliches Ergebnis zu erreichen und dem (durch die Ideologie definierten) „Fortschritt" besser zu dienen.

Kennzeichnende Ausprägungen. Zentralisierte, einheitspolitische und gleichgerichtete Massen-„Bewegung", die sich als Träger einer möglichst totalen Politisierung und Integrierung aller Menschen („Volksgemeinschaft") versteht, in Wahrheit aber eine straff hierarchisch organisierte, politisch einseitige Staatspartei unter strikt autoritärer Führung ist. Mobilisierung und Kontrolle erfordern die Indienstnahme des gesamten Kommunikationssystems für die Ziele der Ideologie. Politische Justiz zur Ausschaltung Widerstrebender und Andersdenkender.

„abweichende" (als negativer Wertbegriff und Schimpfwort gebraucht) Sozialgebilde werden gar nicht oder allenfalls in sehr beschränktem Rahmen (etwa:
Religionsgemeinschaften) geduldet (*Nichtanerkennung der subsidiären und
solidarischen Gliederung*). Mit Zwang wird der Totalanspruch der herrschenden
Gruppe (unkontrollierbare und unabsetzbare Partei bzw. Führer) auf Unterwerfung durchgesetzt.

(3) Eine totalitäre (durch eine Idee alles zwanghaft umfassende und kon-
trollierende) Ideologie kann *keine freien Entscheidungen* der Haushalte und
Unternehmen dulden. Daher ist das System der zentralgeleiteten Verwaltungswirtschaft in der Wirklichkeitsform der *Planwirtschaft* die für solche Staaten
kennzeichnende Gliederungsform. – Es bringt nun aber das Nebeneinander
von marktgesteuerten und plangeleiteten Volkswirtschaften besondere, fachwissenschaftlich und auch in der Praxis schwer zu lösende Probleme mit sich
(etwa: Bewertung ausgetauschter Güter). Selbst hier erweist sich die Koexistenz
als recht schwierig – wenn auch nicht als unlösbar.

DRITTER TEIL

Erfahrungsgegenstand Wirtschaft

(1) Nahezu jeder Mensch hat von klein auf Erfahrungen mit der Wirtschaft, zumeist als Verbraucher und als Anbieter von Arbeitsleistungen. *Erfahrung* ist allgemein jenes Wissen, das aus unmittelbarer sinnlicher Berührung mit einem Gegenstand entspringt. Von daher, also aus dem eigenen Lebenskreis, weiß man auch schon um die verschiedenen Bedeutungen des Wortes *Wirtschaft*. Ausgeschlossen sei gleich einmal Wirtschaft im Sinne der *Gaststätte* (Schenke, Restaurant). Hier wird dasselbe Wort (Benennung) für eine andere Sache (Begriff) benutzt. Es bleibt dann aber immer noch begrifflich eine Unklarheit bestehen. Denn der Ausdruck Wirtschaft bezeichnet einmal ein *Tun* (zu dem *Mißwirtschaft* als Gegensatz oder doch als abschätziger Ausdruck schlechten Wirtschaftens empfunden wird), zum anderen etwas *Gegenständliches* (Anlagen, Einrichtungen und Gebäude als Bestandsbegriff) und schließlich noch einen *Personenkreis* (begriffsumfänglich ähnlich wie etwa: die Militairs, die Ärzteschaft). Im folgenden sei zunächst und vor allem danach gefragt, was Wirtschaft als *menschliches Tun* sei.

Übersicht 18

Gegenstand der Erfahrung und der Erkenntnis

Erfahrungsobjekt: Wissen aus unmittelbarer sinnlicher Berührung mit einem Gegenstand; die aus dem eigenen Lebenskreis des Menschen („Praxis") geschöpfte Kenntnis der Dinge und Vorgänge.

Erkenntnisobjekt: ausschnittsweise (und deshalb immer auf irgend eine Weise verkleinerte) gedankliche Abbildung des Vorgefundenen im menschlichen Geiste; die Untersuchung eines Erfahrungsgegenstandes unter einem Aspekt oder unter mehreren Hinsichten.

Objekt bzw. *Gegenstand* meint jeweils alles, was zur Kenntnis genommen, vorgestellt oder gedacht wird und worüber man Urteile bildet.

---

(2) *Erfahrungs*gegenstand der Wirtschaft sind die aus dem persönlichen Lebenskreis des Menschen gewonnenen Einsichten zu diesem Sachbereich. Davon zu unterscheiden ist der *Erkenntnis*gegenstand der Ökonomik als Wissenschaft. Die Wirtschaftswissenschaft muß allgemein zeigen, wie man angesichts der im letzten Abschnitt dargelegten Güterknappheit am günstigsten verfährt. Sie widmet sich deshalb der Untersuchung der auf Bedarfsdeckung gerichteten Sozialerscheinungen und ist als *Volkswirtschaftslehre* die Summe der solcherart gewonnenen Erkenntnisse. Dies ist ersichtlich nur ein *Ausschnitt* aus den Fragen, welche der Erfahrungsgegenstand Wirtschaft aufgibt. *Gegenstand* (Objekt) meint hier jeweils alles, was zur Kenntnis genommen, vorgestellt oder gedacht wird und worüber man Urteile bildet.

(3) Der Ausdruck *Erfahrung* in dem Begriff Erfahrungsobjekt Wirtschaft ist *nicht* so zu verstehen, als könne und müsse alles ökonomische Wissen nur aus der Erfahrung (Empirie) abgeleitet werden. Dies hätte nämlich zur Folge, daß *bloß Empireme* Wahrheit enthielten. Aus Axiomen abgeleitete Urteile (*Theoreme*; etwa: $2 + 2 = 4$) wären daher falsch.

(a) In einem sehr *engen Sinne* meint *Erfahrung* nur das unmittelbare, persönliche Empfangen eines *Eindrucks*. Dabei ist vor allem an (äußere, weniger auch innere) *Sinneswahrnehmungen* gedacht. Der Eindruck bezeugt sich im Erfahrenden selbst und schafft bei ihm in der Regel eine hohe Gewißheit (Evidenz); etwa: gestern war ich einkaufen. Widerlegbar ist Erfahrung dieser Art bloß durch andere, gegensätzliche (und tiefere) Erfahrung; etwa: gestern war Sonntag, und alle Geschäfte blieben geschlossen.

(b) In einem *weiteren Sinne* meint *Erfahrung* alles, was durch Anschauung, Wahrnehmung, Beobachtung und Versuch erkannt wurde. Hinzu tritt die *verstandesmäßige Bewältigung* und Ordnung der so gewonnenen Kenntnisse in Begriffen sowie in aposteriorischen Urteilen. Erfahrung in dieser Definition entspricht dem Begriff *Praxis* in seiner meistgebrauchten Bedeutung.

(ba) *Anschauung* ist die Gesamtheit des auf einen Gegenstand der Außenwelt bezogenen, durch Ansehen (Augenschein, Betrachten: *sehr enger Sinn*: von daher die Benennung!), Anhören, Riechen, Betasten oder Schmecken bewirkten sinnlichen Empfindungen (*engerer Sinn*), und zwar derart, daß ein bewußtes, geordnetes Erfassen des Gegenstandes in seiner Eigenart (seinem Wesen, seiner Natur) ermöglicht wird (*weiterer Sinn*). – *Wahrnehmung* meint das aus Anschauung bewirkte, im Geist entstandene Gesamtbild eines Gegenstandes (*engerer Sinn*), der von anderen Objekten scharf unterschieden und in allen seinen (wesentlichen) Merkmalen erfaßt wird (*weiterer Sinn, engerer Begriffsinhalt*: je größer die Anzahl der Merkmale, desto enger ist der Begriff). – *Beobachtung* ist im *engeren Sinn* die absichtliche und gespannte Aufmerksamkeit (diese definiert als bewußte, zielgerichtete Hinwendung des Geistes) auf einen Gegenstand. Im *weiteren Sinn* versteht man darunter die nach bestimmten Regeln vorgenommene Untersuchung eines Objektes, so wie es sich darbietet (also ohne daß an demselben Veränderungen vorgenommen werden). – Beim *Versuch* (Experiment) greift man absichtlich in den gewöhnlichen Gang eines Geschehens ein, um den herbeigeführten Ablauf zu beobachten. Dabei wird stets eine unabhängige Variable verändert und die dadurch hervorgerufene Wirkung auf eine abhängige Veränderliche beobachtet, während die übrigen am Geschehen beteiligten Variablen konstant (CETERIS PARIBUS: unter Gleichbleiben alles übrigen; oft abgekürzt nur CET. PAR. oder C. P., eine in der ökonomischen Theorie häufig vorkommende Formel) gehalten werden.

(bb) Man fordert heute in den Sozialwissenschaften, daß jeder Erkenntnis die Erfahrung (also Kenntnis der Wirklichkeit, der Sachverhalte, der „Praxis") vorangehen müsse. Denn Begriffe ohne Anschauungen sind leer; Anschauungen ohne Begriffe indessen blind. Wenn man dazu manchmal *Empirismus* sagt, dann ist keineswegs eingeschlossen, daß alles (sinnlich) *Nichterfahrbare* (etwa: Gott) als unerkennbar oder gar als *unwirklich* gelten müsse.

(bc) Ferner soll auch nicht behauptet werden, daß die Wissenschaft in jedem Falle die Praxis zu begleiten habe, ihr konkret also folgen müsse (etwa: Kontenrahmen, Maßstäbe zur Geldwertmessung). In Wirklichkeit ist nämlich auch in der Wirtschaft die vernünftige Überlegung *vor* die Tätigkeit, die Wissenschaft *vor die Praxis* getreten. In anderen Disziplinen (etwa: Chemie, Technik) ist das eine Selbstverständlichkeit. Denn die Wissenschaft eröffnet und erschließt ständig neue Praxisbereiche; etwa: Marktforschung, Wachstumspolitik.

(c) Logisch betrachtet in wesentlichen Merkmalen verwandt (also kognat) zu den eben definierten beiden Begriffen ist auch Erfahrung im Sinne von *Medienerfahrung.* Herkunft der Kenntnisse ist hier jedoch nicht die unmittelbare Begegnung mit dem Gegenstand. Vielmehr geschieht die Kenntnisnahme durch Information mittels Druckerzeugnisse, Rundfunk und Fernsehen sowie anderer Informationsträger (*Medien* als Informationskanäle). *Information* meint hier also Nachrichten, die einem Menschen über die Medien zugeleitet werden mit dem Ziel, bei ihm Wissen zu erzeugen.

(ca) Die Kommunikationswissenschaft bezweifelt, daß diese *nachrichtentechnische Informiertheit* sich in verwertbaren Kenntnissen und Erkenntnissen niederschlägt. Das findet nur im engeren Bereich der berufsmäßigen Verwender (Anwender, Benutzer) von Datenverarbeitungsanlagen statt, nicht aber beim „breiten Publikum". Dieses lernt auf solchem Wege die Wirklichkeit deshalb nicht kennen, weil Medienerfahrung im wesentlichen in der Übertragung *fremder Meinungen* besteht. Damit meint man Erfahrungen aus zweiter Hand und unbegründete Urteile, vor allem durch „Meinungspfleger", „Pressesprecher" und Kommentatoren verbreitet. Oft sind die fremden Urteile als solche gar nicht erkennbar, weil sie als *Nachrichten* (als bloße Mitteilung von Tatsachen) *verkleidet* werden. Selbst jedoch deren Wahrheitsgehalt, Echtheit und Vollständigkeit ist von dem Empfänger im Regelfall nicht nachprüfbar.

(cb) Medienerfahrung füllt die Leerräume praktischer Vertrautheit (die „Praxislücke") also nur scheinbar. In Wirklichkeit entsteht eine *reich infor-*

Übersicht 19

Wichtige Vernunftbegriffe als Merkmale des Begriffes Erfahrung

---

Anschauung: (1) sinnliche Empfindung eines Gegenstandes der Außenwelt bloß durch den Augenschein (Betrachtung); reines Erfassen mit dem Gesichtssinn (Sehen): sehr weiter Begriffsinhalt, von daher die Benennung. (2) Erfassen eines Gegenstandes der Außenwelt durch die Sinne (Gesichts-, Gehör-, Geruchs-, Geschmacks- oder Tastsinn; andere und genauere Einteilungen der Sinne sind verbreitet), der damit zur Kenntnis genommen wird: weiter Begriffsinhalt. (3) Erfassen eines Objekts der Außenwelt durch die Sinne derart, daß der Gegenstand im Bewußtsein geordnet erscheint, nämlich in seiner Eigenart erkannt wird: engerer Begriffsinhalt, weitester Sinn (Umfang).

Wahrnehmung: (1) das aus (verschiedener, mehrmaliger) Anschauung entnommene, im Geist als Gesamtding Erkannte: weiterer Begriffsinhalt, engerer Begriffsumfang. (2) Kenntnisnahme eines Gegenstandes durch Anschauung, die durch Reflektieren, Abstrahieren und Kombinieren zur begrifflichen Klarheit gereift ist, so daß das Objekt in allen seinen wesentlichen Merkmalen im Geiste erfaßt wird: engerer Begriffsinhalt, weiterer Begriffsumfang.

Beobachtung: (1) die absichtliche und gespannte Aufmerksamkeit auf einen Gegenstand. Aufmerksamkeit ist dabei als bewußte, zielgerichtete Hinwendung des Geistes zu verstehen: weiter Begriffsinhalt, engerer Sinn. (2) die nach bestimmten Gesichtspunkten und Regeln methodisch vorgenommene Untersuchung eines Objektes, so wie es sich darbietet (also ohne daß an dem Gegenstand irgendwelche Veränderungen vorgenommen werden): engerer Begriffsinhalt, weiterer Sinn.

Versuch (Experiment): absichtlicher Eingriff in den gewöhnlichen Gang eines Geschehens, um den künstlich herbeigeführten Ablauf zu beobachten. Dabei wird stets eine unabhängige Variable verändert und die dadurch hervorgerufene Wirkung auf eine oder mehrere abhängig Veränderliche(n) beobachtet. Die übrigen am Geschehen beteiligten Variablen werden entweder ganz ausgeschaltet oder konstant gehalten. Letzteres drückt man durch die Formel CETERIS PARIBUS aus: unter Gleichbleiben alles übrigen.

Kenntnisnahme: alles, was durch Anschauung, Wahrnehmung, Beobachtung und Versuch erkannt, jedoch ungeordnet geblieben ist, nämlich noch nicht zur begrifflichen Klarheit gebracht wurde.

mierte Weltfremdheit. Die Pseudo-Erfahrungen führen zu weiteren Verlusten an tatsächlicher Vertrautheit mit den Gegenständen selbst. Denn die Kenntnisnahme über Bildschirm ist allemal *bequemer* als eigene Anstrengungen zur Gewinnung von Anschauungen vor Ort. Folglich ist man geneigt, den leichteren und behaglicheren Weg der Medieninformation vorzuziehen. Dazu tritt auch eine Verkümmerung des diskursiven Denkvermögens und der Verstandestätigkeiten überhaupt. All diese Wirkungen sind aber dem Medienerfahrenden in der Regel gar nicht bewußt. Er *täuscht sich selbst* und wähnt, Erfahrung zu gewinnen. Wird er enttäuscht, so flüchtet er oft in Ideologien. Die Kommunikationswissenschaft begründet diese Urteile aus dem Schatz ihrer auf verschiedene Weise hergeleiteten Erkenntnisse.

(d) Als *Werturteil* läßt sich das vor allem in Kreisen der Hochschulen verbreitete Schlagwort *Erfahrungsbezug* erkennen. Dahinter steckt logisch ein hypothetisches Urteil in Form einer Konsequenz (Abfolge). Genauer besehen, will man den Bedingungssatz aussprechen: wenn Studium (der Wirtschaft), dann nur mit Erfahrungsbezug. Die Thesis (Dann-Satz) drückt eine positive Wertung mit starkem Aufforderungscharakter aus. Statt Erfahrungsbezug sagt man auch *Praxisbezug* und meint damit unmittelbare, ursprüngliche Kenntnis aus einem Sachgebiet. *Unmittelbarkeit* heischt den Rückgang auf eigene Anschauung und Lebenserfahrung statt angelerntem Wissen. *Ursprünglichkeit* verlangt, dort Erkenntnisse zu sammeln, wo das (wirtschaftliche) Leben sich vollzieht (vor allem in Unternehmen). Das Abgebildete, Fortentwickelte, Aufbereitete und in Lehrbüchern Dargelegte ist für diese Auffassung das *Falsche,* zumindest aber *nicht das Wirkliche.* – Hierzu wäre zu sagen, daß Erfahrungsverluste die einsichtige Folge zweier Haupteigenschaften unserer zivilisatorischen Entwicklung sind. Es ist dies einmal eine *fortschreitende Arbeitsteilung* und zum anderen eine *anwachsende Entwicklungsgeschwindigkeit* innert aller Bereiche. In dem Maße, wie beide Größen zunehmen, sinken zwangsläufig die Erfahrungen des einzelnen Menschen. Noch zu Beginn des 19. Jahrhunderts waren mehr als drei Viertel der Bevölkerung Europas in der Urproduktion tätig. Sie gewannen Erfahrungen mit dem Wirtschaften in ziemlicher Breite. Der Schwund dieser Vertrautheit muß heute durch Lernen *über* die Wirtschaft ausgeglichen werden. Daß dadurch eine wachsende Kluft zwischen Erfahrungsdeckung der Urteile und diskursivem Denken entsteht, ist einsichtig und für jeden erfahrbar. Ein „Zurück zur Praxis" ist jedoch gesamthaft gesehen eine *Unmöglichkeit.*

(e) Als wissenschaftliche Richtung innert der Sozialwissenschaften meint man mit *empirischer Forschung* die auf Erhebungen gestützte Untersuchung der Wirklichkeit. Auch dieser Begriff gilt zumindest dann als Werturteil, wenn ihm eine „*Lehnsessel-Forschung*" abwertend entgegengestellt wird. Jedoch müssen die Erhebungen vom Forscher selbst, persönlich (und natürlich auch methodisch richtig) durchgeführt werden, um tatsächlich auch empirische Forschung zu sein. Die bloße Verarbeitung angelieferter, von anderen erhobener Merkmale ist mitnichten dazuzuzählen. Solche Arbeit führt zu Unrecht den Namen Empirie.

Übersicht 20

Der Begriff Erfahrung

In enger Bedeutung: das unmittelbare, persönliche Empfangen eines Sinneseindruckes.

In weiterer Bedeutung: alles, was durch Anschauung, Wahrnehmung, Beobachtung und Versuch erkannt sowie verstandesmäßig geordnet ist. — Der Erfahrung in diesem Sinne steht auf der einen Seite die bloße *Kenntnisnahme* gegenüber, die ungeordnet ist, weil sie sich noch nicht durch Reflektieren, Abstrahieren und Kombinieren zur begrifflichen Klarheit erhoben hat. Auf der anderen Seite ist das *Hörensagen* Gegenstück, nämlich die mündliche und schriftliche Überlieferung.

Praxiserfahrung: die unmittelbare, ursprüngliche und persönliche Kenntnisgewinnung aus einem Sachgebiet. Der Begriff deckt sich inhaltlich weitgehend mit Erfahrung i.w.S.

Medienerfahrung: Anschauungen und Wahrnehmungen über einen Gegenstand, die nicht durch unmittelbaren Sinneseindruck, sondern über Medien als Informationskanäle gewonnen wurden (und die in der Regel verstandesmäßig ungeordnet, also weithin reine Kenntnisnahme bleiben).

Erfahrungsbezogene Forschung: die auf (eigene!) Erhebungen (Befragung, Beobachtung, Experiment) gestützte Untersuchung der Wirklichkeit. Ihr wird die „Lehnsessel-Forschung" gegenübergestellt.

(f) In noch engerem Sinne wollen einige lediglich solche Daten als wissenschaftlich brauchbar gelten lassen, die *äußerliches Verhalten* beschreiben (*Verhaltensforschung*, Behaviorismus). Alle innerlichen Vorgänge (die sinnlichen Eindrücke und das Denken des Menschen) müssen in den Sozialwissenschaften unberücksichtigt bleiben. — Auch diese Richtung ist einseitig. Oft ist die Feststellung gerade der inneren Merkmale in der Ökonomik von Wichtigkeit; etwa: Marktforschung, Werbeforschung.

(4) Stillschweigend wird auch in den Sozialwissenschaften unterstellt, daß eine vom menschlichen Denken *unabhängige*, aber im menschlichen Denken *erkennbare* Wirklichkeit als Gegenstand der Erfahrung und Erkenntnis vorhanden ist (*Realismus*). Ein Gegenstand (etwa: Sparen) gibt sich demnach

in seinem *Sein* (in seiner Anwesenheit: es wird tatsächlich gespart), in seinem *Wesen* (in seinem Wassein: Sparen ist Nichtverbrauch von Einkommen) und in seinem *Sinn* (in seiner Bedeutung in einem größeren Zusammenhang: zunächst einmal Verlust an kaufkräftiger Nachfrage) zu erkennen.

(a) Zur Erkenntnis des Gegenstandes ist der *Verstand* (Intellekt) befähigt. Er kann zur Einsicht gelangen und dabei das Wesentliche im Gegebenen, dessen eigentlichen Seinszustand (etwa: es wird gespart, und Sparen ist Nichtverbrauch von Einkommen) erkennen. Auch vermag der Verstand einfache Urteile zu bilden (etwa: wenn mehr Einkommen vorhanden ist, dann wird CETERIS PARIBUS auch mehr gespart).

Übersicht 21

Derzeit bedeutsame Erkenntnislehren

Sensualismus. Alles Erkennen und Wissen gründet sich auf Sinneswahrnehmungen. Erkenntnis reicht mithin bloß soweit, als sinnliche Erfahrung geht. Alles Theoretische im menschlichen Geiste (Vorstellungen, Begriffe, Urteile) sind umgeformte Sinnesempfindungen. *Nihil est in intellectu, quod non antea fuerit in sensu (fuerit* ist conjunctivus potentialis in verneinender Behauptung, also *Perfekt* und nicht (gleichlautend) Futur II). – Der Sensualismus verkennt die Vernunft und ihre Möglichkeiten (Mathematik, experimentelle Naturwissenschaften!), deshalb wäre dem Behauptungssatz mit *Gottfried Wilhelm Leibniz* (1646–1716, dem Entdecker der Differential- und Integralrechnung) beizufügen: *nisi intellectus ipse.*

Phänomenalismus. Die Dinge, die wir wahrnehmen, sind nicht die Dinge an sich. Wir erkennen ein Sein immer nur so, wie es sich uns zeigt. Bloß die Erscheinungen (Phänomene) der Dinge bilden als die uns zugekehrte Seite ihres Wesens den Gegenstand der Erfahrung und Erkenntnis. – Wer also seine Zähne putzt, hat nur den „Schein" von Gebiß, Zahnbürste und Wasser (H_2O); an sich sind die Dinge anders.

Realismus. Es ist eine vom menschlichen Denken unabhängige, jedoch im menschlichen Denken erkennbare Wirklichkeit als Gegenstand der Erfahrung und Erkenntnis vorhanden. Ein Gegenstand gibt sich in seinem Sein (in seiner Anwesenheit), in seinem Wesen (in seinem Wassein) und in seinem Sinn (in seiner Bedeutung in einem größeren Zusammenhang) zu erkennen. – Der Realismus ist der heute in allen Wissenschaften im Regelfall zugrundegelegte Standpunkt.

(b) Zu schlußfolgerndem zusammengesetzten Denken, zu aposteriorischen Urteilen bedarf es der *Vernunft* (Ratio, diskursives Denken). Jedoch kann die Vernunft nicht (wie das göttliche Denken) alles zugleich gegenwärtig setzen. Sie muß in der Erkenntnis von dem einen Inhalt und Urteil zum anderen übergehen (*Diskurs*, Erkenntnisfortschritt). Ein Ganzes kann also von der Vernunft immer bloß im *Durchlaufen der Teile* deutlich erkannt werden. Die ökonomische (Modell)Theorie ist im wesentlichen diskursives Denken. – *Intuition*, nämlich die unvermittelte, meist plötzlich auftretende Einsicht in die Zusammenhänge und Gestaltungen, wie häufig in der Kunst und Musik, ist in der Ökonomik *nicht* zu erhoffen. Auch die Größten der Disziplin blieben stets auf vernunftmäßiges Erarbeiten der Evidenz angewiesen!

(5) Die realistische Auffassung über die Möglichkeit der Erkenntnis überhaupt ist nicht unwidersprochen. Es wird behauptet, daß die Dinge, die wir wahrnehmen (etwa: Strom) gar *nicht* die Dinge an sich (etwa: Elektrizität) seien. *An sich* meint dabei eigenständig, unbezüglich; so, wie an dem Ding selbst wahrhaftig, wirklich ist (unabhängig davon, wie es einem darauf gerichteten Erkennenden vorkommen mag). Wir erkennen Etwas stets nur so, wie es sich uns *zeigt*. Das Ding an sich bleibt gänzlich von der Erkennbarkeit ausgeschlossen (etwa: was *ist* Elektrizität – eine Frage, die überdies bei den Physikern als unbeantwortbar gilt). Bloß die *Erscheinungen* (Phänomene) der Objekte bilden den Gegenstand der Erfahrung und der Erkenntnis. Phänomen bedeutet hier aber *nicht Schein* (Illusion), sondern die dem Menschen zugekehrte Seite der Wirklichkeit. Man nennt diese Auffassung *Phänomenalismus*. Auf eine kurze, vereinfachende Formel gebracht, lehrt er: das Ding an sich ist *feststehend* seinem *Daß* nach, bleibt aber *unerkennbar* seinem *Was* nach. – Der Phänomenalismus hat (in vielerlei Abwandlungen und Schattierungen) auch heutzutage wieder Anhänger (etwa: Anthroposophie, phänomenalistische Naturwissenschaft), wiewohl er wissenschaftlich (erkenntnistheoretisch) als schlüssig widerlegt gilt.

A. Definition Wirtschaft

(1) Es sei der Erfahrungsbegriff Wirtschaft (im Sinne des Tätigseins) als fertiger Komplexbegriff in einer Realdefinition vorgegeben. Durch Auflösen und Erklären seiner Merkmale soll er im folgenden zu einem möglichst hohen Grade inhaltlicher Deutlichkeit erhoben werden. – Wirtschaft ist *Tun zur Unterhaltssicherung* (A = Hauptmerkmal), bei welchem der Mensch *im sozialen Verband* (b) in *Wahlhandlungen* (c) das *Mittelsystem der Natur* nutzt (d), um sich als *Leib-Geist-Wesen* (e) zu *verwirklichen* (f).

(2) Das Hauptmerkmal (*Betätigung zur Unterhaltssicherung*) fand bereits im letzten Abschnitt eine ausführliche Erklärung. Aus der dargelegten zwanghaften Gebundenheit des Einzelnen an die Güter (Seinsaussage) wurde sowohl ein Recht als auch eine Pflicht zur fortlaufenden Bedürfnisbefriedigung hergeleitet. *Unterhaltssicherung* meint die planvoll geregelte, in steter Folge sich vollziehende Güterbereitstellung: den Wirtschaftsprozeß.

(3) Das nähere Nebenmerkmal *im sozialen Verband* ist gleichfalls schon gründlich im letzten Abschnitt näher bestimmt und ausgedeutet worden. Jeder Einzelne ist durch Personalität gekennzeichnet. Deren beiden gleich gewichtigen Bestandteile sind die Individualität und die Sozialität. Sein Einzelgut kann jeder Mensch aber bloß zusammen mit dem Gemeingut erreichen. Er ist in die Gemeinverflochtenheit eingebunden und gleichsam gezwungen (bestimmt: determiniert) zum sozialen Wirtschaften. Praktisch wird dies in der arbeitsteiligen Weltwirtschaft sichtbar.

(4) *Wahlhandlungen* (Wahlakte, Wahlentscheidungen) als das nächstnähere Definitionsmerkmal bedürfen einer weiteren Erklärung. Denn hierbei liegt auch das Unterscheidungsmerkmal zwischen Wirtschaft und Technik. Allgemein sind *Wahlhandlungen* Verfügungen, bei denen der Mensch in Selbstbestimmung und freier Entscheidung aus mehreren möglichen Zielen und Wegen bestimmte aussucht.

(a) Wahlhandlungen sind *menschliche* Betätigung, nicht naturhaftes oder maschinelles Geschehen. – *Selbstbestimmt* steht im Gegensatz zu zwanghaft und meint das Vermögen, die zum Ziele geeigneten Maßnahmen auszusuchen.– *Freie Entscheidung* ist die Gelegenheit, eine Handlung zu setzen oder nicht zu setzen. Eingeschränkt wird diese Freiheit subjektiv durch die Abhängigkeit von der Erkenntnis des Einzelnen. Sie verwirklicht sich im Bereich der Wirtschaft in der *Marktfreiheit*. Darunter versteht man die Möglichkeiten, einmal zwischen den am Markt gegebenen Anboten das passende auszusuchen (*Konsumfreiheit*), zum anderen über privaten Besitz (nicht unbedingt auch über Privat*eigentum*) frei verfügen zu können (*Besitzrecht*), und schließlich sich als Beteiligter am Markte innert des gegebenen Ordnungsrahmens ungehindert zu entfalten (*Vertragsfreiheit*). – Stets erlaubt es die Natur, *mehrere Wege* zur Abgewinnung ihrer Schätze einzuschlagen. Letzten Endes (im Extremfall) bleibt immer noch die Alternative: reine Handarbeit oder Werkzeuge. – Falls eine *Planbehörde* die Ziele bestimmt und die zielführenden Schritte zu ihrer Erreichung festlegt, dann ist der Begriff Wahlhandlungen entsprechend einzugrenzen. Die Entscheidungs*möglichkeit* als solche bleibt bestehen. Nur ist aufgrund der Wirtschaftsverfassung allein die Behörde befugt, diese in Anspruch zu nehmen.

(b) *Wirtschaft* ist ausschließlich *Verfügungshandlung*, durch welche der Mensch *diese* geeigneten Dinge *jener* ausgewählten Verwendung zuweist. Insofern ist Wirtschaft etwas *Inneres*: nämlich reine Willenssetzungen, bloße

Bestimmungsentscheide. Der *Vollzug* dieser Wahlhandlungen, die Vollstrek-kung und Vergegenständlichung der inneren Willensakte, ist *nicht Wirtschaft*, sondern *technologisches Geschehen*. Es gehorcht den jeweils einschlägigen naturwissenschaftlichen (physikalischen, biologischen, chemischen) Gesetzen und nicht den Wirtschaftsgesetzen. Eine Vielzahl solcher Technologien als *wissenschaftliche Kunstlehren* (Verfahrenskunden) hat sich entwickelt. Sie lehren etwa, wie man gegen Dürre und Frost widerstandsfähige Getreidearten züchtet, wie man Kunstfasern zur Bekleidung herstellt, wie man ein Bergwerk anlegt oder wie man Daten (Informationen) elektronisch speichert und die gespeicherten verarbeitet.

(c) Nun nennt der Sprachgebrauch diese technischen Abläufe (worin sich das von Haus aus Wirtschaftliche, nämlich die *Wahlhandlungen*, verkörpert) *die Wirtschaft*. In Wirklichkeit ist Wirtschaft als Gegenstandsbegriff aber weithin bloße *Technik*. – Dem Techniker ist die *Aufgabe*, die er lösen soll, das *Ziel*, welches er erreichen muß, *vorgegeben*. Sein Sachverstand hat die Schritte ausfindig zu machen, mit denen die Aufgabe gelöst, das Ziel erreicht werden kann. *Technik* ist also die zielleitende Ordnung der dinglichen Abläufe. Sie ist das *Vollzugsinstrument* des Wirtschaftens. Zu bewerkstelligen ist Wirtschaften bloß mit Hilfe der Technik: nur bei Kenntnis und Beherr-schung der zur Produktion notwendigen Verfahren.

(ca) Die Begriffe *Technik und Technologie* sind leider nicht allgemein anerkannt voneinander abgegrenzt. Denn erstens erfuhren sie verschiedene Definitionen. Zweitens sind sie bei (weitgehend) übereinstimmender Defini-tion auch noch unterschiedlich benannt worden. Der Grund für das Letztere liegt vor allem darin, daß es im Englischsprachigen vorwiegend *Engineering* heißt, und man dort das Wort *Technic(s)* seltener als im Deutschen gebraucht.

(cb) *Technik* ist (nach der ausführlichen, merkmalsreichen Definition des amerikanischen Ingenieurrates für Berufsbildung): die methodische Anwen-dung wissenschaftlicher Grundsätze (b) zur Planung oder Entwicklung von Vorrichtungen, Maschinen, Apparaten oder Herstellungsverfahren (A) bzw. Arbeitsgängen, die solche einzeln oder in Verbindung miteinander nutzen (d); bzw. die Konstruktion und Inbetriebnahme solcher mit genauer Kenntnis ihrer Wirkweise (e); bzw. die Vorhersage ihres Verhaltens unter bestimmten Betriebs-bedingungen (f); jeweils zur Erreichung einer beabsichtigten Aufgabe (c), bei sparsamstem Betrieb (g) und Sicherheit für Leben und Umwelt (h). – Der gleiche Berufsverband definiert *Technik* weniger merkmalsreich als wissen-schaftliche Betätigung (d), bei der Wissen der Mathematik und Naturwissen-schaften (A), durch Studium, Erfahrung und Anwendung gewonnen (e), mit Überlegung eingesetzt wird (b), um wirtschaftlich (g) die Stoffe und Kräfte der Natur (c) für das wachsende Wohlergehen der Menschheit zu nutzen (f). – Kürzer könnte man *Technik* definieren als zielleitende Anwendung von Natur-kräften und Stoffen im Dienste der menschlichen Unterhaltssicherung. – *In engerem Sinne* meint man mit *Technik* die mechanische Nachahmung oder

Ausnützung der Naturkräfte zur Vergrößerung der leiblichen Kräfte des Menschen. – In einem anderen Sinne bezeichnet *Technik* die Regeln und *Kunstgriffe einer Tätigkeit*, etwa: des Orgelspiels, des Tauschverkehrs, des betrieblichen Rechnungswesens, des Dramas.

Übersicht 22

Erfahrungsobjekt Wirtschaft

Handeln. Tun zur Unterhaltssicherung, bei welchem der Mensch im sozialen Verband in Wahlhandlungen das Mittelsystem der Natur nutzt, um sich als Leib-Geist-Wesen zu verwirklichen; nicht kardinal meßbare menschliche Präferenzensetzungen im Bereich der Güterbeschaffung.

Gegenständliches. Einrichtungen (Sachapparatur: Anlagen, Werke, Gebäude, Betriebe und Maschinen) und Verfahrensweisen (Methoden zur Naturbeherrschung: Technik i.w.S.) sowie geschäftliche Verrichtungen (Tauschakte) zur Unterhaltssicherung; Gewinnung, Bearbeitung, Verarbeitung und Verteilung ökonomischer Güter (zusammen: Bereitstellung oder Allokation); all das, worin sich wirtschaftliche Wahlhandlungen verkörpern als ein kardinal meßbares Geschehen.

Personenkreis. Unternehmer, Manager, Verbandsfunktionaire und Gewerkschaftsführer; den Sachbereich Wirtschaft einflußreich gestaltende gesellschaftliche Schicht; „hommes d'affaires" (aus der Sicht der Produktion). Alle Menschen in ihrer Eigenschaft als im sozialen Verband Wirtschaftende (aus der Sicht der Konsumtion).

(cc) *Technologie* ist die *Lehre von der Technik.* Im besonderen versteht man darunter die Lehre von den Mitteln zur Verarbeitung von Rohstoffen in Gebrauchsgegenstände (oft zweigeteilt in mechanische und chemische Technologie). Man spricht dann auch von *Verfahrenskunde.* – In anderem Sinne meint *Technologie* die Lehre von der Entwicklung der Technik in ihren gesellschaftlichen Zusammenhängen. In dieser Bedeutung wird der Begriff zumeist in der Soziologie und Politologie gebraucht. – Im *ökonomischen Schrifttum* meint man in der Regel (jedoch nicht durchgängig) mit *Technologie* praktisch nutzbares *Wissen* über die Natur. Es läßt sich konkret umsetzen (in der Regel mit Hilfe von Investitionen) und ist dann *Technik.* – Leider wird der Begriff *Technologie* aber auch häufig dem Begriff *Technik* einfach *gleichgesetzt.* Es ist daher immer auf die jeweilige Definition zu achten.

(5) Das *Mittelsystem der Natur* meint die Gaben der Schöpfung als erdhafte Umwelt, so wie diese sich darbietet. Sie stehen im Zusammenhang eines *eigengesetzlichen Systems*. Der wirtschaftende Mensch ist darob gezwungen, vorbedacht und überlegt, also *systematisch* an die Nutzung und Indienstnahme der Mittel zu schreiten. – Die *Eigengesetzlichkeit* zeigt sich in den obwaltenden Verkettungen zwischen Handlung und Folge, die streng beachtet werden müssen. Es sind die bereits bei den Werturteilen vorgestellten *Finalrelationen* in der logischen Form hypothetischer Urteile oder Disjunktionen. Allgemein legen sie fest (meistens als Wenn-Dann-Beziehungen), welcher Maßnahmen es bedarf, um ein Ziel zu erreichen.

(a) *Mittel* (Ressourcen) heißen in der Regel die Gaben der Natur allgemein. *Güter* sind die daraus gewonnenen, zur unmittelbaren Bedürfnisbefriedigung geeigneten Dinge. Die Gaben der Schöpfung müssen aber in fast jedem Falle zunächst einmal unter Mühewaltung *nutzbar* bzw. *wirksam* gemacht werden. Dies geschieht durch *Gewinnung* und Bearbeitung bei materiellen Dingen (etwa: Erz, Stein) bzw. durch *Bildung* bei den geistigen und handwerklichen Anlagen des Menschen.

(b) Nicht alle Dinge der Schöpfung sind jedoch dazu geeignet, als nutzbare Ressourcen zur Gütergewinnung zu dienen. Im Gegenteil: bloß der *geringere Teil* der Naturgaben eignet sich hierzu. Weil aber die verwendbaren *Mittel* bereits begrenzt sind, folgt daraus auch der *Tatbestand der Güterknappheit* (ohne daß dieser jedoch damit *erklärt* wäre!). – Knappheit und Mühewaltung (Arbeitsleid) sind zwei verschiedene, logisch voneinander unabhängige Vorfindlichkeiten.

(6) *Selbstverwirklichung* als Zielgut des Menschen wurde allschon weitläufig beschrieben. Wirtschaften ist ein Instrument zum Ziel der Selbstverwirklichung. Der Mensch ist *Leib-Geist-Wesen*. Außer zur Erhaltung des Lebens im biologischen Sinne notwendigen Gütern braucht er darob stets auch „geistige" Güter, Kulturgüter. Mit ihnen und durch sie kann er die ihm geschenkten Anlagen aus der Möglichkeit zur Wirklichkeit überführen. Auf diese Weise vermag der Einzelne sein Zielgut zu erreichen und zum Vollen zu kommen. *Sachziel der Wirtschaft* ist es also, die materiellen Voraussetzungen zur Selbstverwirklichung des Menschen zu ermöglichen.

(a) Der *Dienst* der Wirtschaft besteht in der *Unterhaltssicherung*. Erst gesicherter Unterhalt macht den Menschen frei für andere, zu seiner Selbstverwirklichung begehrte geistige Güter. Alle Kultursachbereiche ohne jede Ausnahme (also auch Religion, Wissenschaft und Kunst) sind von Gütern im wirtschaftlichen Sinne (Waren und Leistungen) abhängig.

(b) Es wäre aber eine gar zu enge Sicht, nicht auch *im Wirtschaften selbst* ein Stück *Daseinsverwirklichung* zu sehen. Im Zuge des ökonomischen (und technischen) Handelns entfalten sich durchaus dem Menschen gegebene, der Erfüllung harrende Anlagen; etwa: Gestaltungsfreude, Pflichttreue. Natürlich ist dabei nicht an eine *nur*, ausschließlich auf Wirtschaften gerichtete und allein darin bereits volle Sinnerfüllung findende Betätigung gedacht, deren Zerrbild die „Krämerseele" ist. Sicherlich aber ist Wirtschaft im gegenständlichen Sinne durchaus *Kultursachbereich*.

(c) Unhaltbar ist die Ansicht, der Dienst der Wirtschaft bestünde lediglich im *Bereitstellen eines Anbots* zur Befriedigung der Nachfrage. Denn in diesem Falle entspräche auch der Bau von Vernichtungsstätten dem Sinn der Wirtschaft, weil Nachfrage seitens eines entmenschten Diktators bzw. der mordlustigen Funktionairsclique einer auf „Säuberung" bedachten Partei vorhanden ist. Unerträglich wird es, wenn diese Haltung gar noch als „faktisch" (realistisch, tatsächlich oder ähnlich) mit *positivem Werturteil* verbrämt wird. Eine Sozialwissenschaft, die den Menschen aus den Augen verliert, gleitet leicht in unmenschliche Ideologien ab oder wird vor deren Karren gespannt.

B. Ökonomisches Prinzip

(1) Das Handeln nach dem ökonomischen Prinzip ist zwar *wichtiges Merkmal* des Wirtschaftens. Gleichwohl stellt es *keine* die Wirtschaft *besonders kennzeichnende Eigenheit* dar. Deshalb verzichtet die gegebene Definition des Erfahrungsgegenstandes Wirtschaft auch auf dessen ausdrückliche Nennung. Das ökonomische Prinzip beschreibt nämlich einen *allgemein gültigen Durchführungsgrundsatz* jedweden menschlichen Tuns. Diese Regel gilt *für* sämtliche Sachbereiche und *in* ihnen − bis hin zur Freizeit. Denn selbst aus dem, was wir an Erholung betreiben, müssen wir all das restlos herausholen, was es uns an Kräftigung darreichen kann. Viele sehen darob im ökonomischen Prinzip ein *Axiom* und halten es mithin für ein *Prinzip* jeder „praktischen" Wissenschaft.

(2) Wegen seiner Allgemeingültigkeit bevorzugt man häufig den Ausdruck *Rationalprinzip* (Vernunftprinzip). Andere Benennungen sind *Minimalprinzip* und *Maximalprinzip*. Denn es soll für das erstrebte Ergebnis das *Mindestmaß* (Minimum) an Einsatz (Mühe, Opfer, Kosten, Aufwand; als Oberbegriff: Input) aufgewendet werden. Oder man möchte, anders herum gesehen, aus den verfügbaren Dingen das *Höchstmaß* (Maximum) an Ergebnis (Output) herausholen: sie damit also bestmöglich ausnutzen. Die Bezeichnung *Sparprinzip* legt das Schwergewicht auf die Forderung, tunlichst viel Input für spätere Zeit zurückzubehalten. Es soll jetzt bloß das Minimum eingebracht werden, um das Ziel zu erreichen: also so wenig wie irgend möglich.

Übersicht 23

Ökonomisches Prinzip

Wesen. Durch den menschlichen Verstand geforderter und durch die Vernunft begründbarer, allgemeingültiger Durchführungsgrundsatz jeder Form menschlichen Handelns. Es ist Axiom und Prinzip aller verhaltensbezogenen Wissenschaften. – Manche sehen es als Naturprinzip und sogar als kosmologischen Grundsatz an.

Definition. (1) Als *Maximal*prinzip: mit den gegebenen Mitteln (etwa: Truppen und Waffen) soll das Höchstmaß an Erfolg (Besetzung strategischer Punkte nach den Plänen des Generalstabs) herausgeholt werden. – (2) Als *Minimal*prinzip: mit möglichst wenig Input (etwa: persönlichem und sachlichem Aufwand) soll ein Ziel (Ausbildung von Berufsanfängern im Betrieb) erreicht werden. – (3) Als *Spar*prinzip: tunlichst viel Input (etwa: Geld) soll bei der Zielverwirklichung (Kauf von Bekleidung) zur Verwendung in späterer Zeit übrigbleiben. – Zu vermeiden ist eine Nennung der unter (1) und (2) gebrachten Definitionen („mit einem Minimum an Input ein Maximum an Output erreichen"), weil so der Gedanke des ökonomischen Prinzips doppelt ausgedrückt wird (Hendiadyoin = eines durch zwei). Erst recht dürfen nicht alle drei der genannten Definitionen aneinandergereiht werden („mit einem Minimum an Input möglichst sparsam ein Maximum an Output erreichen"), wie dies manchmal geschieht (Hendiatrion = eines durch drei).

Mißverständnisse. Das ökonomische Prinzip bezieht sich nicht auf das Was (das durch die Handlung begehrte Ziel) und auch nicht auf das Warum (die Motive, Beweggründe, Antriebe) des Tuns. Jeder Durchführungsgrundsatz (unfaires Verhalten) kann sich stets auf verschiedene Gegenstände (Sport, Liebe) beziehen und unterschiedliche Beweggründe haben (Ehrgeiz, Bosheit). – Der Begriff HOMO OECONO-MICUS drückt aus, daß die volkswirtschaftliche Theorie lediglich die rein ökonomische Seite menschlicher Handlungen betrachtet, und jede andere (etwa: juristische, technische, psychologische) Hinsicht ausschließt. Das hat mit dem Rationalprinzip nichts zu tun.

---

(3) Das Rationalprinzip bekundet nur, daß sich jedermann nach diesem Handlungsgebot (subjektiv) richtet. Nicht unbedingt muß es am Ende auch immer im Tun (objektiv) zuwege gebracht worden sein. Mangelndes Wissen oder fehlende Kenntnisse können der Verwirklichung Grenzen setzen. Dies bestätigt sich deutlich etwa bei Betriebsvergleichen (Gegenüberstellung von

Aufwand und Kosten, Ertrag und Leistung mehrerer gleichartiger Betriebe untereinander) und Ausschreibungen (öffentliche Aufforderungen an jedermann. Anbote für erwünschte Lieferungen abzugeben; für den Staat in der Regel gesetzlich vorgeschrieben). Dafern gibt es zwar *kein Handeln*, wohl aber *Handlungen* wider das ökonomische Prinzip.

(4) Das ökonomische Prinzip ist *reiner Durchführungsgrundsatz*. Es beschreibt lediglich, *wie* (auf welche Weise) man ein Ziel zu erreichen trachtet. – Nichts zu tun hat das Rationalprinzip mit dem *Was*, also mit dem erstrebten Ziel. Ein Haushalt, der nichtsnutzigen Kram beschafft, derweil es ihm am Notwendigsten gebricht, handelt also nicht gegen das ökonomische Prinzip. Denn auch diesen Tand wird sich der Verbraucher so beschaffen, daß er mit seinem Geld möglichst viel davon erhält. – Nicht beschrieben wird durch dieses Prinzip auch das *Warum*, die Beweggründe (Ursachen, Antriebe, Motive) des Handelns. Es vermag jemand durchaus ein Unternehmen zu leiten, um mit dem erzielten Gewinn etwa Missionare zu unterstützen. Als Betriebsleiter wird er dennoch nach dem Sparprinzip handeln. – Ein Durchführungsgrundsatz (etwa: unfaires Verhalten) kann immer auf verschiedene Gegenstände (etwa: Liebe, Beruf) angewendet werden und auch unterschiedliche Beweggründe (etwa: Selbstsucht, Ehrgeiz) decken. Lediglich das *Wie* (nicht aber auch das Was und das Warum) will das ökonomische Prinzip umgreifen.

(5) Verwirrend ist es, das Rationalprinzip mit der Voraussetzung des Wirtschaftsmenschen (HOMO OECONOMICUS) zu vermengen. Der HOMO OECONO-MICUS ist eine *Arbeitsannahme* der volkswirtschaftlichen Theorie. Sie drückt aus, daß sich die Ökonomie auf die Beschreibung und Erklärung rein wirtschaftlicher Sachbelange beschränkt. Von allen anderen Seiten (Hinsichten) wird abgesehen. Es handelt sich also beim Rationalprinzip und dem HOMO OECONOMICUS um in außerwesentlichen Merkmalen verwandte, mithin affine Begriffe.

(6) Wie werden Wirtschafter mit bestimmten, als vorgegeben unterstellten *Präferenzen* (Oberbegriff für Geschmack, Hang, Strebung, Neigung, Regung, Vorliebe und andere, persönliche Eigenheiten ausdrückende Kennzeichnungen) ihre Entscheidungen treffen? Wie müssen sie sich am Markt verhalten, um dem Rationalprinzip zu genügen? Für die Antwort auf diese Fragen ist die Ökonomik zuständig. Aber die *Wahl der Präferenzen* (also der Entscheid, hier und jetzt diesem oder jenem Gut den Vorzug zu geben) ist *keine Frage der Rationalität*. Vielmehr handelt es sich hierbei um eine Handlung aus selbstbestimmter, ungeheißener menschlicher Wirkfreiheit (Spontaneität). Sie ist ausschließlich Sache der individuellen Wertung und Zielwahl — mag diese („vernünftig" gesehen) noch so unsinnig erscheinen (etwa: Haushalt, der Flitter kauft) oder von den Folgen her selbstzerstörerisch wirken (etwa: Kettenraucher, Trinker) oder vom sozialen Umfeld (etwa: Mode) bzw. der Werbung beeinflußt sein.

C. Mengenbegriffliche Aussagen

(1) *Mengenbegriffe* (quantitative Begriffe) drücken den Inhalt oder die Beziehung einer Denkeinhet in *benannten* (etwa: 3 kg, 5 Stück) oder *unbenannten* (absoluten; etwa: 3, 5) Zahlen aus. Sie werden in der Regel (wie in den Beispielen eben) als *Ziffer* (Zahlzeichen) geschrieben. Eine selbst unter Ökonomen verbreitete Ansicht hält mengenbegriffliche Aussagen für ein wesentliches Merkmal der Wirtschaft. Dem ist aber *nicht* so. Denn die jeweils gewählten Gegenstände aus einer Wahlhandlung sind bloß in einer *Reihenfolge* vergleichbar. Daher können sie auch nur in *Vergleichsbegriffen* (komparativen Begriffen) nach dem Merkmal größer/kleiner, mehr/weniger gemessen werden (ordinale Messung). Für all das, was in den Augen des Einzelnen mehr oder weniger sinnvoll ist, gibt es eben kein Größenmaß. Erst recht versagt jedes Maßsystem bei der Feststellung über Grade der Selbstverwirklichung. Die Eigenart der Wahlakte (als Verfügungen, bei denen in freier Entscheidung aus mehreren möglichen Zielen und Wegen bestimmte ausgesucht werden) bringt es mit sich, daß sie nur ordinal, *nicht kardinal bestimmbar* sind.

(2) Wahlentscheidungen *vergegenständlichen sich* in technischem Geschehen. Dieses freilich gehorcht ausnahmslos und nachdrucksamst mengenbegrifflichen Zusammenhängen. Hier *muß* also quantitativ geurteilt und daher in Ziffern gerechnet werden. Von daher rührt der *trügerische Schein*, als seien wirtschaftliche Entscheidungen oder gar die Wirtschaft als solche kardinal meßbar. – *Tauschakte* sind nicht nur quantifizier*bar*. Sie vollziehen sich sogar notwendig und immer in mengenbegrifflichen Größenbeziehungen (etwa: 3 Schafe gegen einen Speer). Daraus erhellt sich, daß auch der *Tausch* und die anderen Handlungen des Geschäftsverkehrs (ganz wie die Akte der Produktion und der Konsumtion) *nicht* Wirtschaften im definierten Sinne sind. Sie alle ohne Ausnahme haben es mit Quantitäten zu tun und sind daher technisches Geschehen.

(3) Manche sind der Überzeugung, das technische Geschehen (die Wirtschaft als Bestandsbegriff) ließe sich in einem systematisch angelegten *Rechnungswesen* von der Geldseite her mengenbegrifflich erfassen. Auch dies ist leicht erkennbar eine Täuschung. Immer nur sind solche Aufwandsummen und Erträge erfaßbar, die sich in Geldgrößen *niederschlagen* oder sich doch wenigstens in Geldgrößen *veranschlagen* ließen. Das ist allenfalls dort möglich, wo für diese Größen ein *Markt* besteht, auf dem sich Preise dafür bilden.

(a) Im Rechnungswesen der einzelnen Wirtschaftseinheit wie auch in der volkswirtschaftlichen Gesamtrechnung bleibt aber sehr viel *außer Ansatz*. Dinge wie Bürden (etwa: persönliche Belastung durch Lärm und Abgase, Arbeitsleid) und Genüsse (etwa: Konsumfreude, Selbstbestätigung) sind schlechterdings nicht kardinal meßbar. Für gewisse andere wichtige Leistungen (wie etwa der Hausfrauen und Mütter) hat man (noch) keine Rechnungslegung eingeführt.

Auch könnte die gemessene und im Rechenwerk erfaßte Gütererzeugung Waren enthalten, welche von den Menschen gar nicht begehrt werden (etwa: staatliche Prestigebauten): ein besonders in zentralgeleiteten Volkswirtschaften häufiger Tatbestand.

(b) Das Rechnungswesen sowohl in betriebswirtschaftlicher als auch in volkswirtschaftlicher Sicht ist aus diesen und anderen Gründen nicht nur unvollkommen. Es bringt vielmehr auch die tatsächlichen Knappheitsverhältnisse nur *verzerrt*, ja sogar *verfälscht* zum Ausdruck (so verbucht man beispielsweise alle Leistungen in Zusammenhang mit einem Unfall als Erfolg: je mehr Verkehrsunfälle, desto *höher* daher das Sozialprodukt). Insofern ist die Rechenbarkeit oder Rechenhaftigkeit der Wirtschaft, auf die manche sehr stolz sind, in hohem Maße *willkürlich* und bildet das tatsächliche technische Geschehen beileibe *nicht* ab.

D. Wirtschaft als gesellschaftlicher Prozeß

(1) Der Bestandsbegriff Wirtschaft wurde bisher zu sehr im Sinne von Einrichtungen (Sachapparatur) und Technik. i.e.s. (Methoden zur Naturbeherrschung) betrachtet. In Wirklichkeit sind die Haushalte und Unternehmen mehrheitlich (von Einpersonenhaushalten und Einmannbetrieben abgesehen) selbst *Sozialgebilde*. Ihre Tätigkeit am Markt ist das Ergebnis einer Mehrzahl, oft sogar einer Vielzahl von internen Entscheidungsabstimmungen. Das technische Geschehen i.w.S. erweist sich also bei näherem Besicht als Folge und Wirkung vorausgegangener gesellschaftlicher Handlungen.

(2) Die Anstrengungen der einzelnen Wirtschaftseinheiten am Markt geschehen jedoch nicht bloß aus einem vorgängigen Abstimmungsprozeß im Innern. Vielmehr ist an nahezu allen Wahlhandlungen und Entschlüssen Bedachtnahme auf *andere* maßgeblich (wenn nicht gar ausschlaggebend) beteiligt. Einmal versucht man abzuschätzen, welche Wirkungen die *eigenen Handlungen* auf andere ausüben, und wie die davon Betroffenen darauf reagieren werden. Zum anderen bemüht man sich herauszufinden, wie *andere sich verhalten*, und welches Vorgehen sie entwickeln werden. Darauf richtet man sein eigenes Tun ein. Auf diese Weise kommt es zwischen den einzelnen Wirtschaftseinheiten zu einem *Wechselspiel der Erwartungen*. Das Sicheinstellen auf das mutmaßliche Verhalten der anderen läßt sie alle zu einer kommunikativen Gesellschaft zusammenwachsen.

(a) Dieser *interkommunikative Zusammenhang* (also die wechselseitige Abhängigkeit der Entscheidungen der verschiedenen Wirtschaftseinheiten untereinander) ist die Ursache dafür, daß der Wirtschaftsprozeß in einer marktgesteuerten Wirtschaft ohne hoheitlichen Eingriff abläuft (*Selbststeuerung*).

(b) Wiewohl ganz und gar in technischem Geschehen (Tausch) vergegenständlicht, spielt sich die Wirtschaft in Gestalt *rechtsgeschäftlicher Verkehrsakte* (vor allem: Kauf und Verkauf) ab. Auch von daher gesehen ist Wirtschaft ganz und gar Sozialprozeß.

(3) Wenn nun aber behauptet wird, Wirtschaft sei *Sozialprozeß*, Technik hingegen *Naturprozeß*, so ist dies zumindest sehr mißverständlich. Denn auch die Nutzbarmachung der Naturkräfte und Stoffe zur Unterhaltssicherung geschieht durch Menschen. Hier bedarf es gleichfalls der Abstimmung, um eine zielleitende Ordnung zuwege zu bringen. Völlig unberechtigt wird diese Gegenüberstellung, wenn ihr obendrein noch ein *abschätziger Grundton gegen Technik und Techniker* beigelegt wird.

(a) Technik ist Lebensgegenwart, *Zeitgenossenschaft*. Kein anderer Sachbereich ist so die Gegenwart, ist derart zeitgemäß und modern, verkörpert in sich faßbarer und anschaulicher die jeweilige Zeit. In der Technik taucht daher der Einzelne ein in den Denkstil seiner Tage. Dabei fällt alles weg, was in ihm Gedanken des Zuspätgeborenseins wecken könnte (ein bei Studierenden anderer Fächer weit verbreitetes Gefühl). Und wer wirklich sein Zeitalter erfassen möchte, der kann es am unmittelbarsten und augenfälligsten angesichts der technischen Dingwelt: seien es Bauten, Werkzeugmaschinen, Computer oder Satelliten.

(b) Technik befaßt sich immer mit Greifbarem, Dinglichem, *Konkretem*. Aber dieses Konkrete (etwa: Fahrzeug, Haus) ist stets eine *Idee* (etwa: Fortbewegung, Wohnen). Technische Lösungen sind Umsetzungen von Gedanken. Sie sind *Objektivationen des menschlichen Geistes*, nämlich Dinge der materiellen Welt (etwa: Fernsehen, Telephon), in der sich eine Idee (menschliche Kommunikation) verselbständigt ausdrückt (objektiviert). Nie bleibt Technik bloßes Meinen: stets ist sie *Gestaltethaben*. – Ein gedankliches Ziel wird dabei in mannigfacher Form angegangen. Ein Türschloß, ein Rechner, ein Waschmittel kann außerordentlich verschiedene Problemlösungen offenbaren. Technik ist also Ideen*geschichte* und Ideen*gestaltung* in einem. Das dürfte im Regelfall mehr bedeuten als „reine" Theorie (etwa: Logik, Philosophie) die *Möglichkeit*, nicht *Tatsächlichkeit* ist.

(c) Technik ist – mehr noch als Wirtschaft – *Wettbewerb*. Ein technischer Gedanke konkurriert mit dem anderen: eine konstruktive Lösung wird durch eine bessere ersetzt. Technische Gestaltungen leben gleichsam unter dem Gebot des Wettbewerbs. Das Gute siegt, solange kein Besseres da ist. Kann sich der Historiker oder Philosoph in Geruhsamkeit der Idee widmen, so heißt es hier, sich dem Wettkampf der Lösungen dauernd zu stellen.

(d) Technik vertritt die Idee der *Macht des Menschen über die Natur*. Die technische Welt ist darum die vom Menschengeist (*Ingenium*) bezwungene und geformte Natur. Dabei führt sie völlig heraus aus dem Bannkreis des Persönlichen, Schwärmerischen, Überspannten, Leidenschaftlichen, Verbohrten und Blindgläubigen – im Gegensatz selbst zu einigen Sozialwissenschaften (wie etwa der Politologie und Soziologie und in geringerem Maße leider auch der Ökonomik). Technik lehrt Besonnenheit, Sachlichkeit, aber auch Zielstrebigkeit und Ausdauer.

(e) Schließlich ist Technik immer *Nutzbarkeit* und Dienlichkeit. Das setzt klare Begriffe, logisches Denken und einen Wirklichkeitssinn voraus. Sie führt den Einzelnen aus eitler Selbstbespiegelung heraus und ist daher nichts für anfällige Gemüter (oder gerade deshalb doch?). Sie stellt auch niemals ein Gefahrengebiet in diesem Sinne dar – im Unterschied auch hier zu manch anderen Erkenntnisgegenständen (vor allem der Psychologie und Soziologie). Technik hat, so kann man wohl mit Recht sagen, *heilkräftige Wirkung* auf den menschlichen Geist. Sie ist die Welt ohne plattes Gerede, fehlgerichtetes „Erlebnis", ohne Ichkult sowie ohne wissenschaftlichen Firlefanz und Larifari.

(4) Falsch ist es, die Technik mit der *unbelebten Natur* gleichzusetzen, und in ihr einzig die Nutzbarmachung physikalischer Kräfte zu sehen. Auch die *Biotechnik* muß berücksichtigt werden. Gerade sie spielt heute (und mehr noch in Zukunft) eine wichtige Rolle innert der Technik gesamthaft. Man versteht darunter alle Verfahren, welche die Möglichkeiten der Mikroorganismen (wie Bakterien, Hefen, Pilzen) und der tierischen sowie pflanzlichen Zellen nutzen.

(a) Die Biotechnik wird gewöhnlich in drei Teilgebiete untergliedert. Die *Fermentation* besteht darin, einen organischen Rohstoff (etwa: Zucker, Erdöl) unter Einwirkung eines Ferments in einen anderen Stoff umzuwandeln. Dabei versucht man, entweder Mikroorganismen selbst zu gewinnen (etwa: Hefe im Backgewerbe) oder ein Reaktionsprodukt (etwa: Alkohol, Antibiotika) zu erhalten. – Die *Gentechnik* erlaubt es, durch teilweise Umordnung von Erbträgern verbesserte Arten pflanzlicher oder tierischer Zellen zu gewinnen. – Die *Enzymtechnik* umfaßt die Verfahren zur Herstellung, Nutzung und Verbesserung von Enzymen (Eiweißstoffe, aus Aminosäuren aufgebaut) als Katalysatoren biologischer Reaktionen.

(b) In dem bereits begonnenen „biotechnischen Zeitalter" gewinnen die biologischen und gesellschaftlichen Wissenschaften an Bedeutung. Agronomie, Biochemie, Pharmazie, Medizin und Psychologie werden wichtiger als die Ingenieurwissenschaften. Fortschritte sind nicht mehr so sehr die Ergebnisse von mechanischer Umwandlung von Stoff und Kraft. Vielmehr *verlagert* sich der Fortschritt auf die zunehmende *organische Ausnutzung der Lebensumwelt*, einschließlich deren ständiger Veränderung.

Hinweise auf ergänzende, vertiefende und weiterführende Literatur

Aristoteles: Organon, 5 Bde. Übers. und mit Anm. versehen von *Eugen Rolfes*. Hamburg 1976.

Christian F. Gockel: Propädeutische Logik. Karlsruhe 1839.

Georg Hagemann: Logik und Noetik, 8. Aufl., hrg. von *Adolf Dyroff*. Freiburg 1909.

Alois Höfler: Grundlehren der Logik, 8. Aufl. Leipzig, Wien 1926.

Sebastian Huber: Grundzüge der Logik und Noetik. Paderborn 1908.

Walter Kerber (Hrg.): Stärkung der Selbstverantwortung — Aufgabe unserer Gesellschaft. Bad Honnef 1984.

Alfred Klose / Rudolf Weiler (Hrg.): Menschen im Entscheidungsprozeß. Wien, Freiburg, Basel 1971.

Alfred Klose: Gewissen in der Politik. Graz, Wien, Köln 1982.

Alfred Klose: Kleines Lexikon der Politik. Wien, München 1983.

Alfred Klose / Gerhard Merk (Hrg.): Marktwirtschaft und Gesellschaftsordnung. Berlin 1983.

Rolf Kramer: Arbeit. Göttingen 1982.

Gustav A. Lindner: Lehrbuch der formalen Logik, 7. Aufl. Wien 1890.

Gerhard Merk: Programmierte Einführung in die Volkswirtschaftslehre, 4 Bde. Wiesbaden 1973/74.

Johannes Messner: Der Funktionär. Innsbruck, Wien, München 1961.

Johannes Messner: Das Naturrecht, 7. Aufl. Berlin 1984.

Johannes Messner: Ethik und Gesellschaft. Köln 1975.

Franz H. Mueller: Soziale Theorie des Betriebes. Berlin 1952.

Oswald von Nell-Breuning: Gerechtigkeit und Freiheit. Wien, München, Zürich 1980.

Heinrich Pesch: Ethik und Volkswirtschaft. Freiburg 1918.

Robert Prantner: Mensch und Gesellschaft. Wien 1982.

Franciscus M. Schmölz: Das Naturgesetz und seine dynamische Kraft. Freiburg/ Schweiz 1959.

Matthias Schneid: Naturphilosophie. Paderborn 1890.

Bruno Schüller: Die Begründung sittlicher Urteile, 2. Aufl. Düsseldorf 1980.

Julius Graf Soden: Die National-Oekonomie, 4 Bde. Wien 1815.

Christoph Sigwart: Logik, 2 Bde, 5. Aufl., hrg. von *Heinrich Maier*. Tübingen 1924.

Anton Tautscher: Wirtschaftsethik. München 1957.

Arthur F. Utz: Zwischen Neoliberalismus und Neomarxismus. Köln 1975.

Arthur F. Utz: Ethische und soziale Existenz. Walberberg 1983.

Joseph de Vries: Denken und Sein. Freiburg 1937.

Joseph de Vries: Grundfragen der Erkenntnis. Pullach 1980.

Eberhard Welty: Herders Sozialkatechismus, 3 Bde, 4. Aufl. Freiburg, Basel, Wien 1963.

Der Leser sei (auch wegen weiterer Literatur) auf die allgemeinen Nachschlagewerke und Fachlexika aus älterer und neuerer Zeit hingewiesen.

Sachverzeichnis

Volkswirtschaftliche Schriften

Seit Frühjahr 1980 sind erschienen:

293 **Makroökonomische Konjunkturanalyse: Eine Fundamentalistische Kritik.** Von U. Geipel. 150 S. 1980. DM 66,—

294 **Vermögensbildung — eine Standortbestimmung.** Von R. Jettmar. 81 S. 1980. DM 33,60

295 **Luxus.** Eine wirtschaftstheoretische Analyse. Von G. Pöll. 156 S. 1980. DM 68,—

296 **Die Eignung von Subventionen für die Umweltpolitik.** Von A. Kötzle. 158 S. 1980. DM 66,—

297 **Die Reagibilität von Prognosen mittels Input-Output-Modellen auf Fehler im Datenmaterial.** Von S. Maaß. VII, 197 S. 1980. DM 28,—

298 **Strategie der wirtschaftlichen Integration.** Von El-Shagi El-Shagi. 309 S. 1980. DM 96,—

299 **Internationaler Preiszusammenhang und Kaufkraftparitätentheorie.** Von H. M. Westphal. 179 S. 1980. DM 68,—

300 **Optimale Währungsräume und Währungsunion.** Von K. Revelas. 258 S. 1980. DM 76,—

301 **Die Bestimmungsgründe des internationalen Handels und der Direktinvestition.** Von P. Tesch. 340 S. 1980. DM 96,—

302 **Raumwirtschaftstheoretische Gravitationsmodelle.** Von H. Kemming. XV, 340 S. 1980. DM 48,—

303 **Die wirtschaftliche Entwicklung Indiens in den Jahren 1951 - 1978 unter besonderer Berücksichtigung der Auslandshilfe.** Von H. Tischner. 451 S. 1981. DM 168,—

304 **Wissenschaftslogik und Sozialökonomie.** Von F.-J. Clauß. 446 S. 1981. DM 168,—

305 **Möglichkeiten der Zentralbankpolitik in Entwicklungsländern.** Von K.-S. Kim. 207 S. 1981. DM 78,—

306 **Direktinvestitionen.** Von H. Adebahr. 95 S. 1981. DM 28,60

307 **Die negative Einkommensteuer.** Von J. van Almsick. 298 S. 1981. DM 98,—

308 **Frauenerwerbstätigkeit, weibliche Arbeitskräftereserve und Probleme des Arbeitsmarktausgleichs in der Bundesrepublik Deutschland bis 1985.** Von W. Freisberg. 222 S. 1981. DM 76,—

309 **Wechselkursänderungen, Importpreisschwankungen und Beschäftigung.** Von D. Pickelmann. XII, 229 S. 1981. DM 38,—

310 **Die Keynessche Beschäftigungsfunktion.** Von M. Ambrosi. 195 S. 1981. DM 98,—

311 **Entwicklungsprobleme mittelständischer Unternehmen.** Hrsg. von R. Blum. 163 S. 1981. DM 48,—

312 **Umwegproduktion und Positivität des Zinses.** Von W. Reiß. 152 S. 1981. DM 68,—

313 **Die verfassungsrechtliche Problematik konjunkturpolitischer Regelbildungen.** Von H. U. Rehhahn. 173 S. 1981. DM 66,—

314 **Arbeitslosigkeit und Information.** Von W. Ötsch. 187 S. 1981. DM 68,—

315 **Wettbewerbs- und Industriepolitik der Europäischen Gemeinschaft.** Von H.-A. Geister. 203 S. 1981. DM 68,—

316 **Effizienzforschung im Bildungsbereich.** Von M. Weiß. 306 S. 1982. DM 48,—

317 **Beschäftigungspolitik bei anhaltend geringem Wirtschaftswachstum.** Von B. Rohwer. 336 S. 1982. DM 98,—

318 **Wettbewerb, Unternehmenskonzentration und Investitionsverhalten.** Von W. Fassing. 194 S. 1982. DM 68,—

319 **Struktur und Verhalten des kybernetischen Realsystems Wirtschaft.** Von N. Brachthäuser. 90 S. 1982. DM 39,60

320 **Öffentliche Unternehmen als Mittel einer interventionistischen Wettbewerbspolitik.** Von R. Schneider. 111 S. 1982. DM 44,—

321 **Die natürliche Wirtschaftsordnung der wirtschaftlichen Arbeitsdreiteilung.** Von E. Eckelt. 226 S. 1982. DM 78,—

322 **Zur Leistungsfähigkeit der konsumtheoretischen Analyse der Nachfrage nach öffentlichen Gütern.** Von H.-D. Stolper. 173 S. 1982. DM 76,—

323 **Die Gesetze des Wirtschaftswachstums.** Von A. Strassl. 277 S. 1982. DM 94,—

324 **Außenhandelseffekte in linearen Wachstumsmodellen.** Von K. Nobel. 265 S. 1982. DM 128,—

325 **Über die Grenzen und Möglichkeiten der Kontrollierbarkeit der Komponenten der Zentralbankgeldmenge durch die Oesterreichische Nationalbank.** Von W. Penker. 182 S. 1982. DM 76,—

326 **Die Beschäftigungspolitik in der Bundesrepublik Deutschland in den Jahren 1974 - 1978.** Von F. Hemmerich. 170 S. 1982. DM 78,—

327 **Zur Vertretbarkeit von Störungen der Marktwirtschaft aus ideellen und sonstigen Gründen.** Von R. Meimberg. 62 S. 1983. DM 28,—

328 **Krankenhäuser im Wettbewerb.** Von W. Buchholz. 229 S. 1983. DM 80,—

329 **Inflation und Wirtschaftswachstum.** Von H. Wagner. IV, 234 S. 1983. DM 94,—

330 **Ökonomische Sicherungspolitik.** Von E. Forster. 280 S. 1983. DM 96,—

331 **Auszahlungsaufteilungsverhalten in Apex-Spielen und Versteigerung der Spielerrollen.** Von B. Schwarze. 168 S. 1983. DM 98,—

332 **Grundlagen und Probleme der indikativen sektoralen Planung in marktwirtschaftlich orientierten Systemen.** Von D. Wolfertz. 165 S. 1983. DM 66,—